猫ピッチャー 5

そにしけんじ

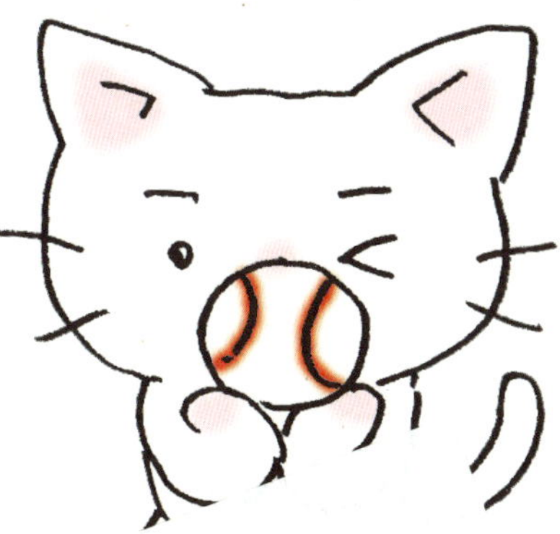

央公論新社

登場人物紹介

セロリーグ6球団

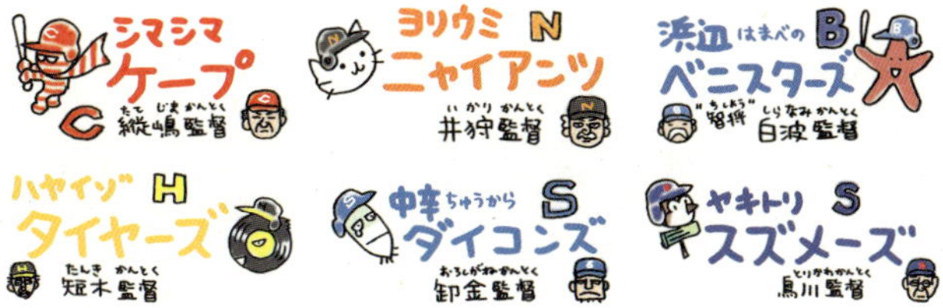

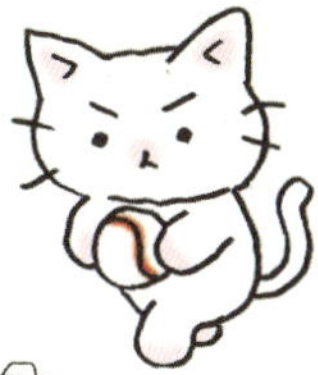

ミー太郎

1歳。プロ野球史上初の猫投手。小さなからだから繰り出される豪速球が、相手バッターを圧倒する……ことも。ニャイアンツ所属。

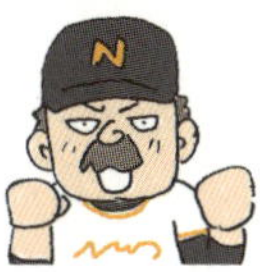

井狩監督

ミー太郎をニャイアンツに入れた張本人。毎試合、檄（げき）を飛ばしながらもミー太郎を優しく見守る。

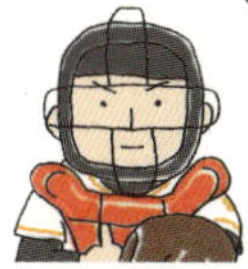

平野キャッチャー

ミー太郎とバッテリーを組む。その豪速球にも、奇想天外な魔球にも動じない。

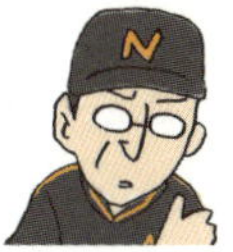

玉見ピッチングコーチ

ミー太郎の投球を指導しながら、新しい魔球の開発ももくろむ。

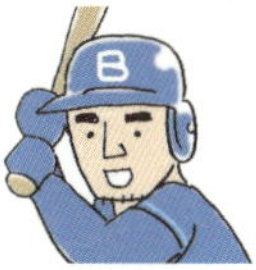

柵越選手

セロリーグのホームラン王。ベニスターズ所属。

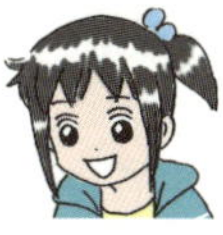

ユキちゃん

ミー太郎の飼い主。食事管理と球場への送り迎えが仕事。

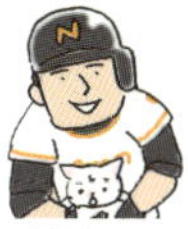

大嶋選手

ニャイアンツの4番打者。ホームランを夢見るミー太郎の憧れの的。

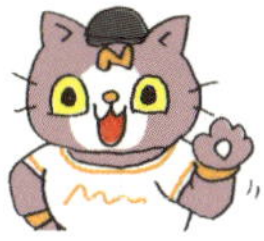

ニャッピー

ニャイアンツのマスコットキャラクター。ミー太郎から天敵扱いされている。

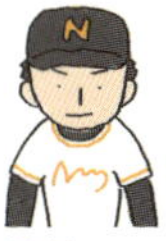

山本投手

ニャイアンツのリリーフ投手。ミー太郎と行動を共にすることも多い。

No. 136

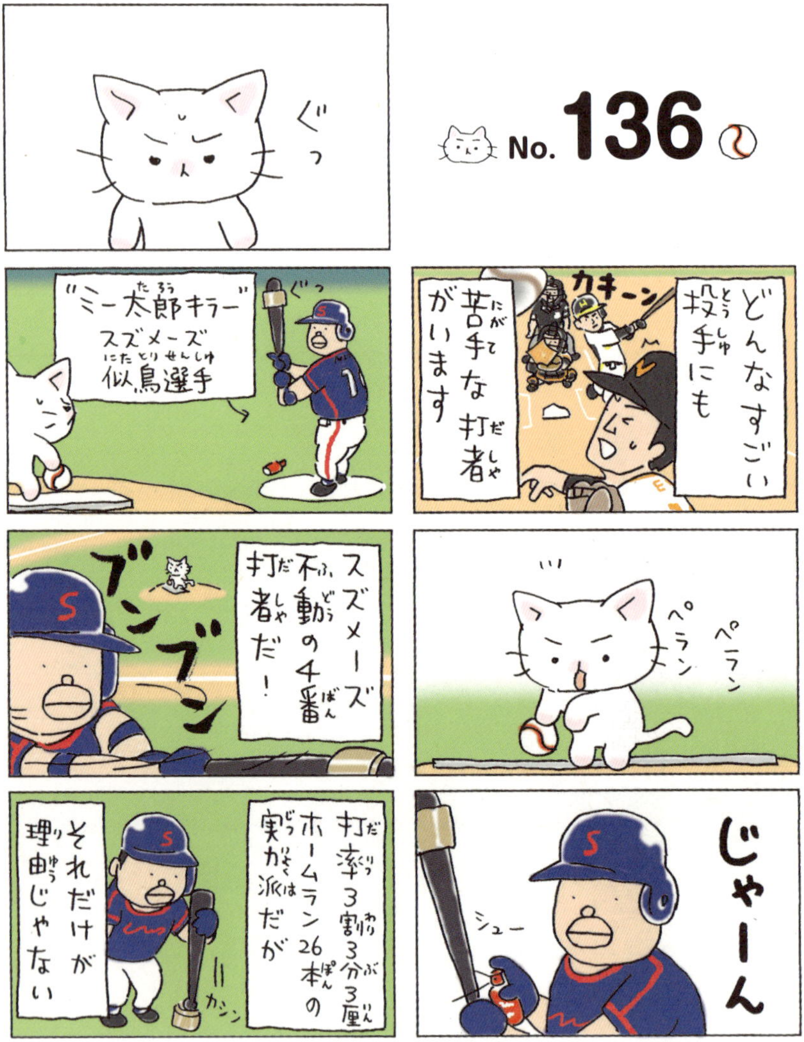

どんなすごい投手にも
苦手な打者がいます
カキーン
ペラン
ペラン
じゃーん
シュー
ぐっ
"ミー太郎キラー"
スズメーズ
似鳥選手
ぐっ
スズメーズ不動の4番打者だ!
ブンブン
打率3割3分3厘ホームラン26本の実力派だが
それだけが理由じゃない
カシン

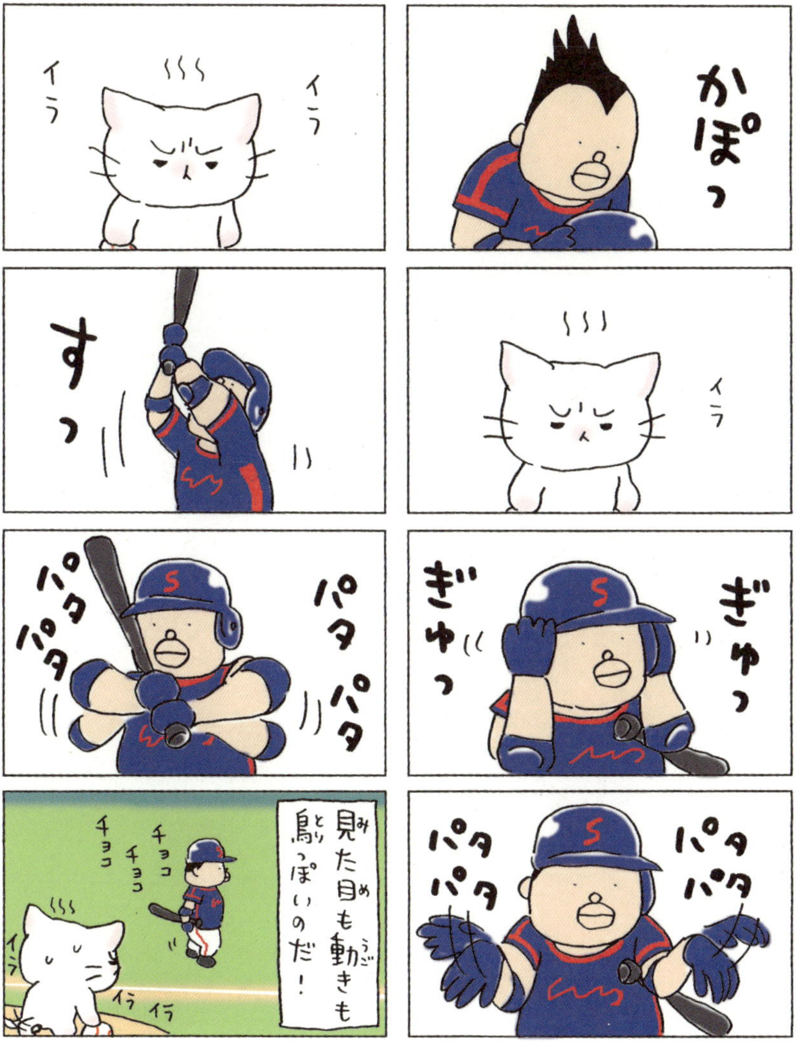
かぽっ
イラ
ぎゅっ
ぎゅっ
パタパタ
パタパタ
イラ
イラ
すっ
パタパタ
パタパタ
見た目も動きも鳥っぽいのだ！
チョコ
チョコ
チョコ
イラ
イラ
イラ

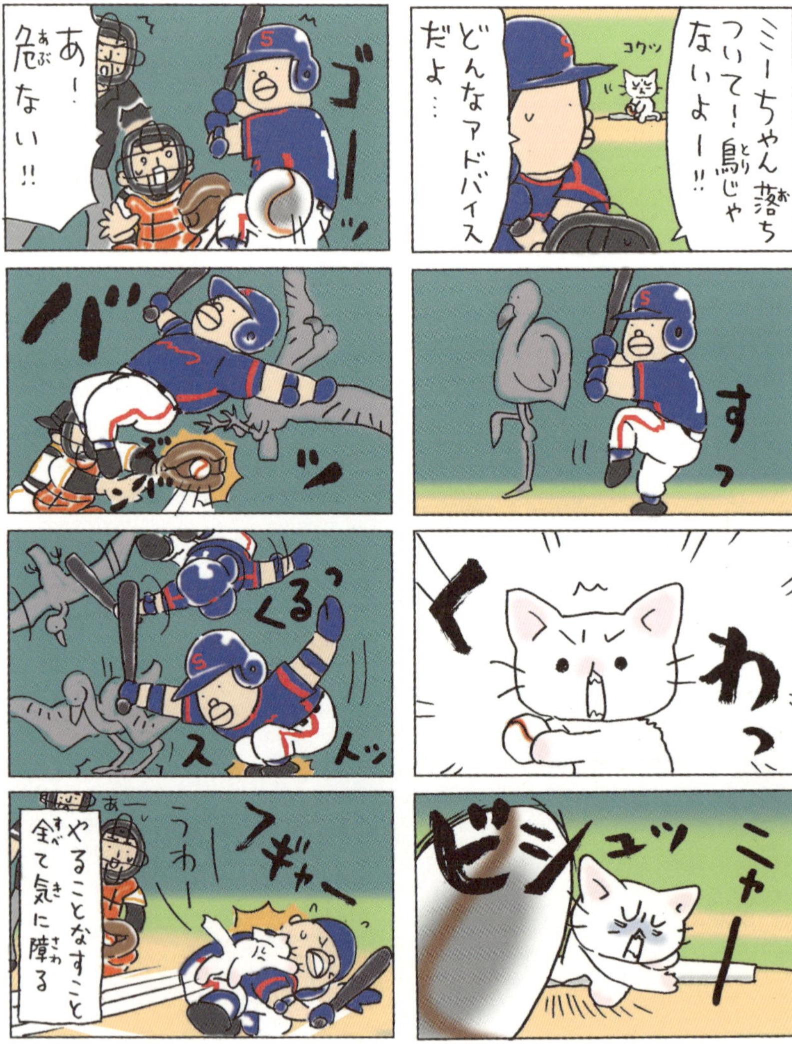
ミーちゃん落ちついて！鳥じゃないよー!!
コクッ
どんなアドバイスだよ…
すっ
くわっ
ビシュッ
ニャー！
ゴーッ
あ！危ない!!
バッ
くるっ
ストッ
ギャー
うわー
あー
やることなすこと全て気に障る

猫(ねこ)ピッチャー
136の🐱裏(うら)ばなし

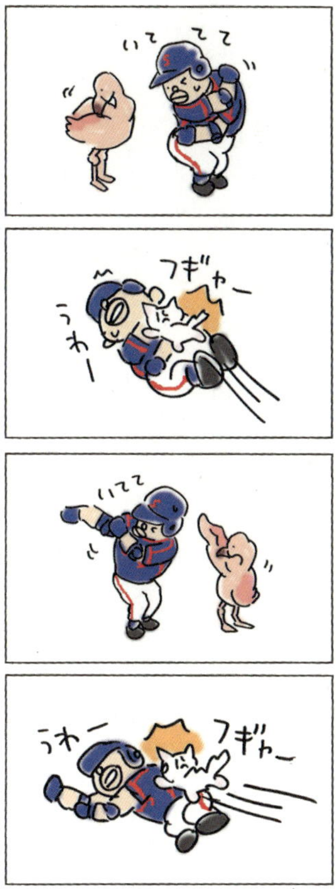

No.137

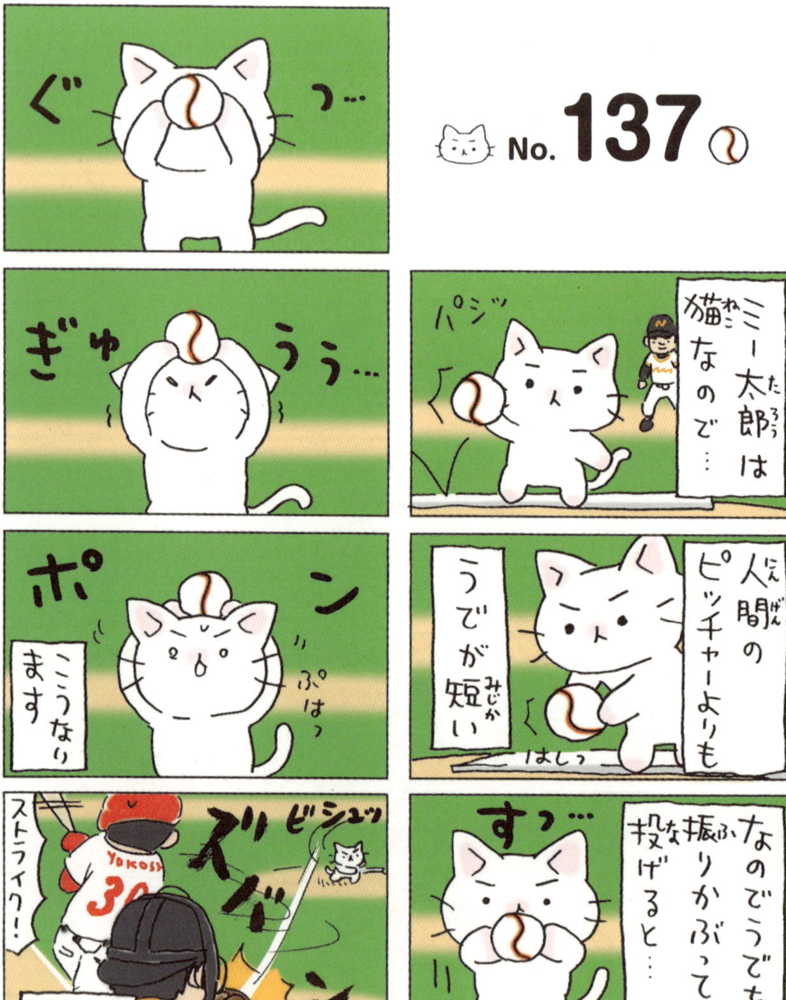
パシッ
ミー太郎は猫なので…
人間のピッチャーよりもうでが短い
はしっ
すっ…
なのでうでを振りかぶって投げると…
ぐっ…
ぎゅうう…
ポン
ぷはっ
こうなります
ビシュッ
ズバン
ストライク！
147km/h

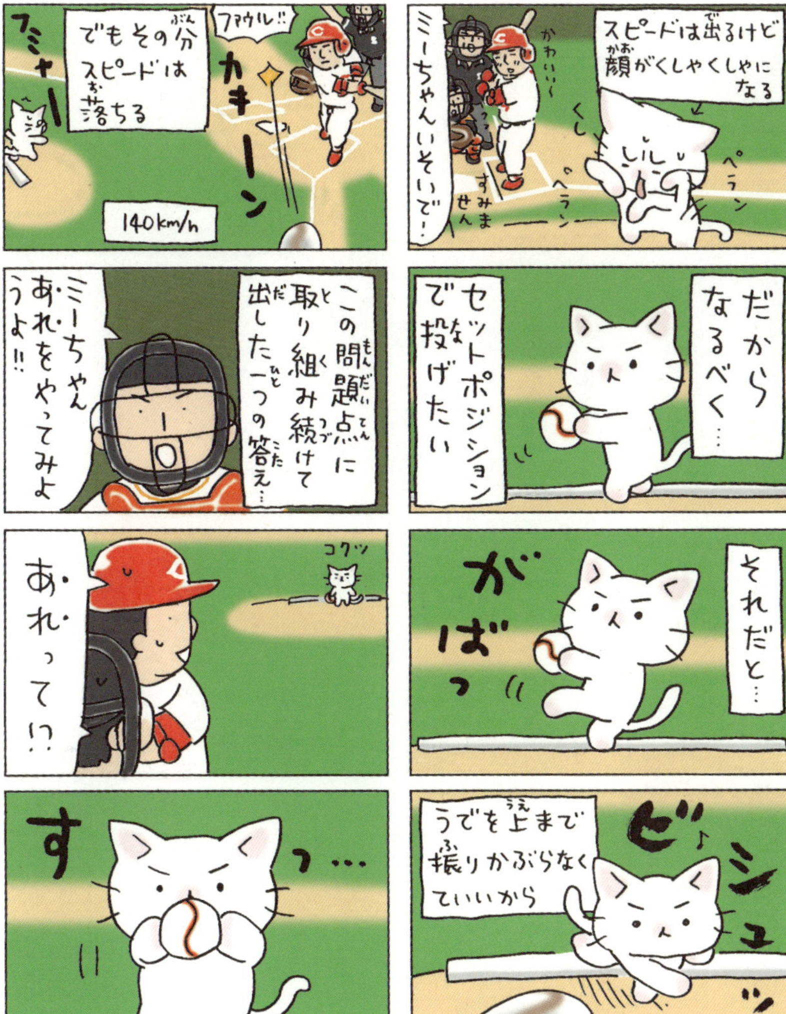
スピードは出るけど顔がくしゃくしゃになる
ミーちゃんいそいで!
かわいい
すみません
くしくし
ペランペラン
だからなるべく…
セットポジションで投げたい
それだと…
がばっ
うでを上まで振りかぶらなくていいから
ビシュッ
でもその分スピードは落ちる
ファウル!!
カキーン
ブミャー
140km/h
この問題点に取り組み続けて出した一つの答え…
ミーちゃんあれをやってみようよ!!
コクッ
あれって!?
すっ…

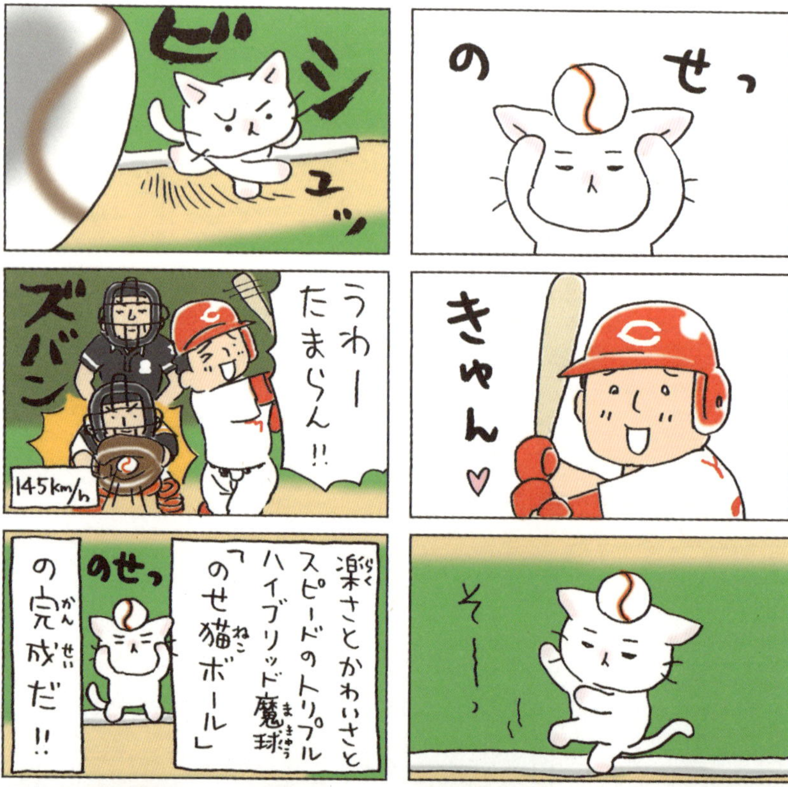
のせっ
きゃん♡
そ〜〜っ
がしっ
ビシュッ
ズバン
うわーたまらん!!
145km/h
楽さとかわいさとスピードのトリプルハイブリッド魔球「のせ猫ボール」
の完成だ!!
のせっ
ボークだよ
おもしろいアイデアだけど
やっぱ未完成だ!!
イエーイ
フミャー

猫ピッチャー

137の

裏ばなし

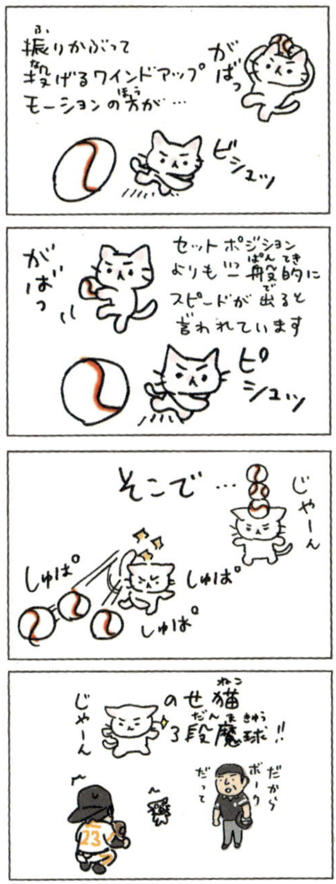

No. 138

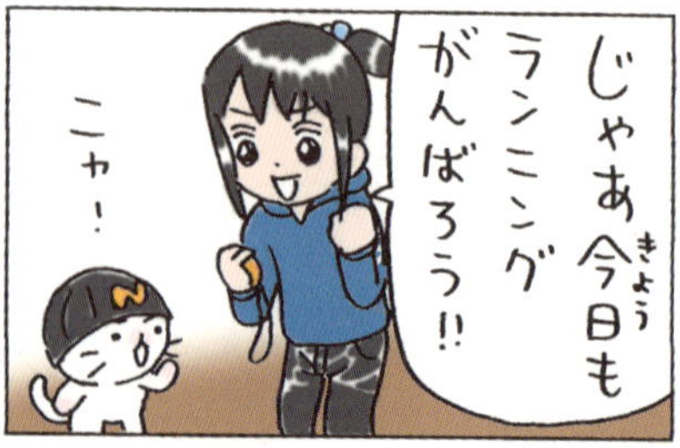
じゃあ今日もランニングがんばろう!!
ニャ-!

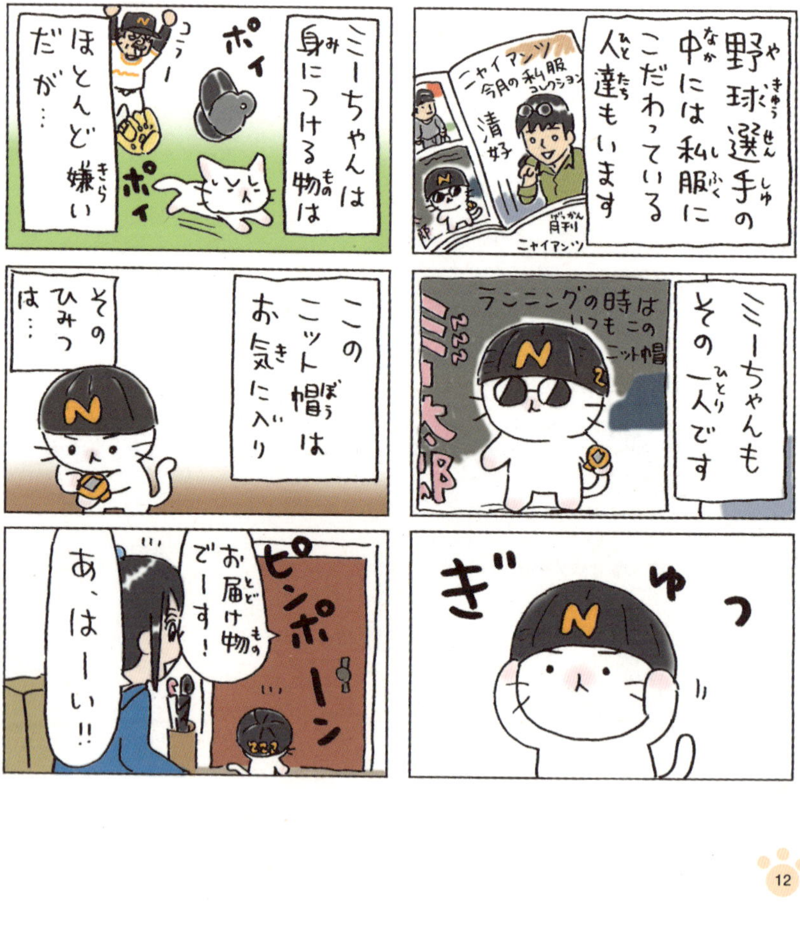
野球選手の中には私服にこだわっている人達もいます
ニャイアンツ 今月の私服コレクション
清好
月刊ニャイアンツ
ミーちゃんは身につける物は
ポイ
ポイ
コラー!
ほとんど嫌いだが…
ミーちゃんもその一人です
ランニングの時はいつもこのニット帽
このニット帽はお気に入り
そのひみつは…
ぎゅっ
ピンポーン
お届け物でーす!
あ、はーい!!

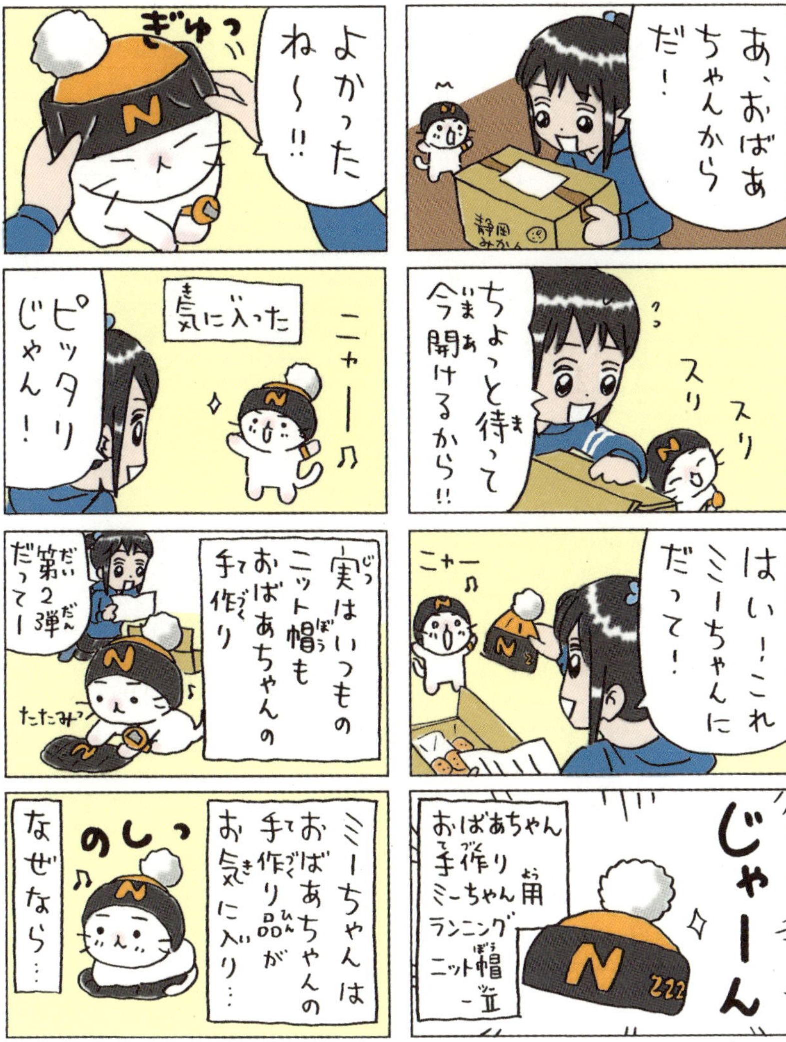
あ、おばあちゃんからだ！
静岡みかん
ちょっと待って今開けるから!!
スリスリ
はい！これミーちゃんにだって！
ニャー♪
じゃーん
おばあちゃん手作りミーちゃん用ランニングニット帽一式
222
ぎゅっ
よかったね〜!!
気に入った
ニャー♪
ピッタリじゃん！
実はいつものニット帽もおばあちゃんの手作り
たたみっ
第2弾だって〜
ミーちゃんはおばあちゃんの手作り品がお気に入り…
のしっ
なぜなら…

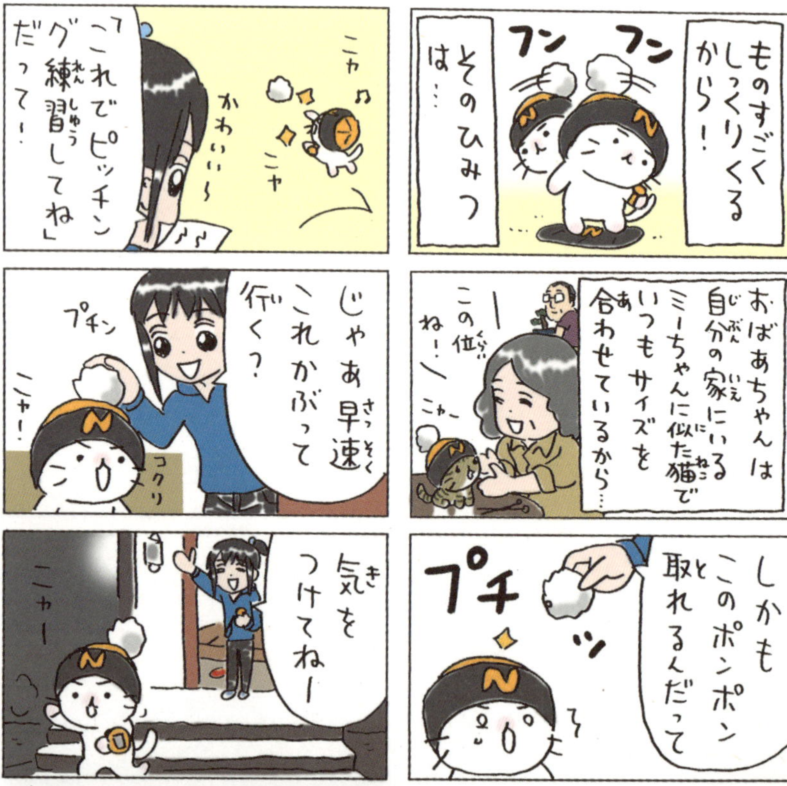
ものすごくしっくりくるから!
フン フン
そのひみつは…
おばあちゃんは自分の家にいるミーちゃんに似た猫でいつもサイズを合わせているから…
この位ね!
ニャー
しかもこのポンポン取れるんだって
プチッ
ポーン
ポン
ポン
「これでピッチング練習してね」だって!
かわいい~
ニャ
ニャ
じゃあ早速これかぶって行く?
プチン
ニャー!
コクリ
気をつけてね!
ニャー

猫ピッチャー 138の 裏ばなし

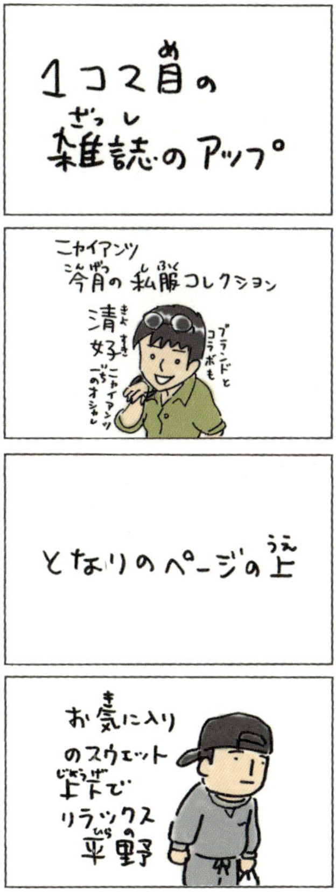

No. 139

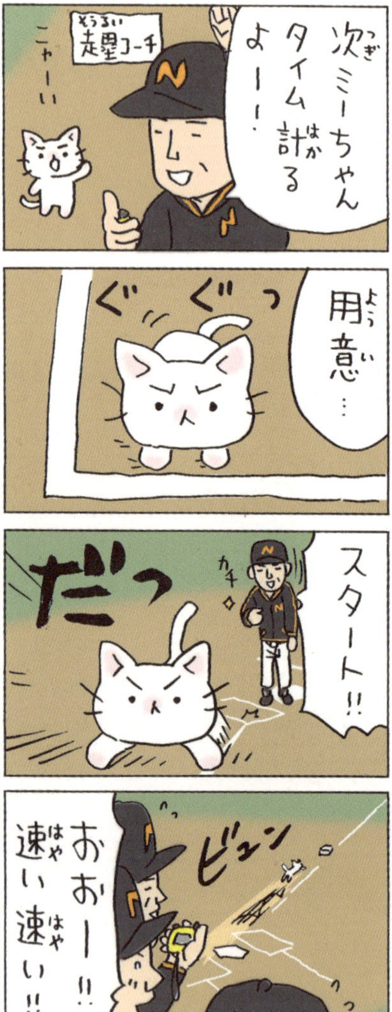
走塁コーチ
次ミーちゃんタイム計るよー!
ニャーい
用意…
ぐぐっ
スタート!!
だっ
カチ
おおー!!
速い速い!!
ビュン

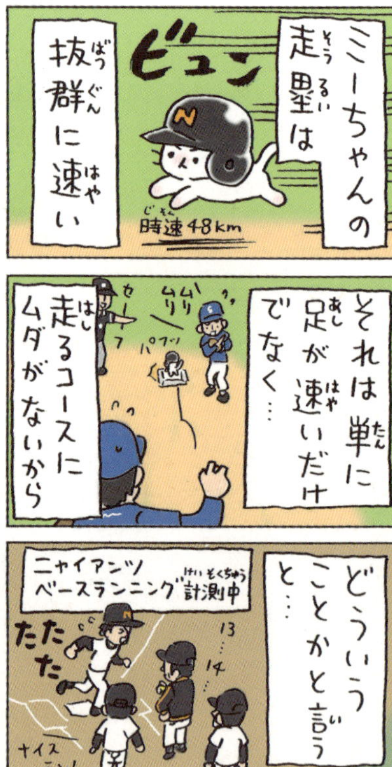
ミーちゃんの走塁は
抜群に速い
ビュン
時速48km
それは単に足が速いだけでなく…
走るコースにムダがないから
セーフ
ムリムリ
どういうことかと言うと…
ニャイアンツ ベースランニング計測中
たたた
13…14…
ナイスラン!

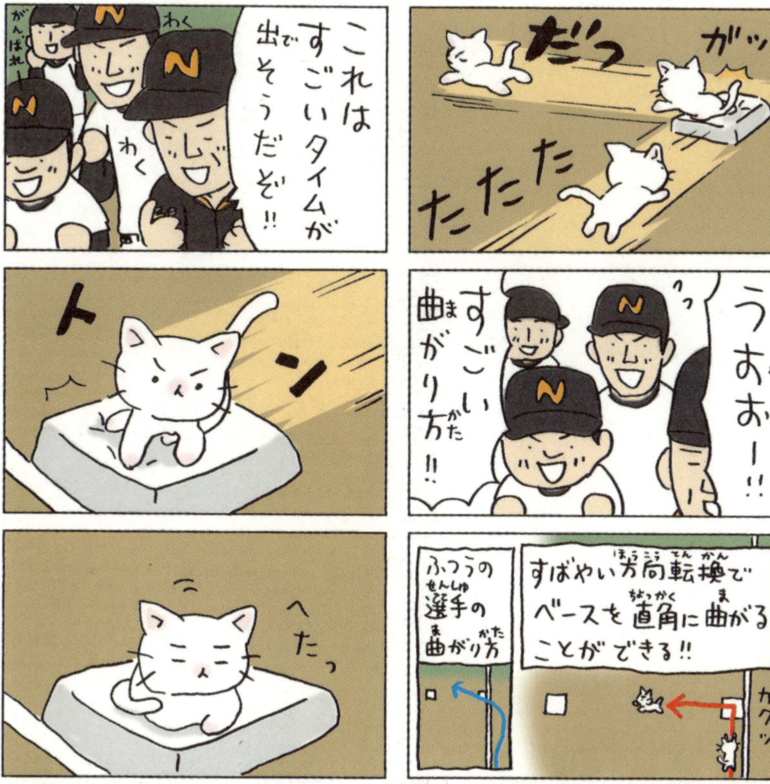

だっ
ガッ
たたた
うおー!!
すごい曲がり方!!
すばやい方向転換でベースを直角に曲がることができる!!
ふつうの選手の曲がり方
カクッ
おおー!!
二塁も!!
カクッ
これはすごいタイムが出そうだぞ!!
わくわく
がんばれー
トン
へたっ
あー
ホームベースは平べったくて嫌い だからいつも三塁止まり

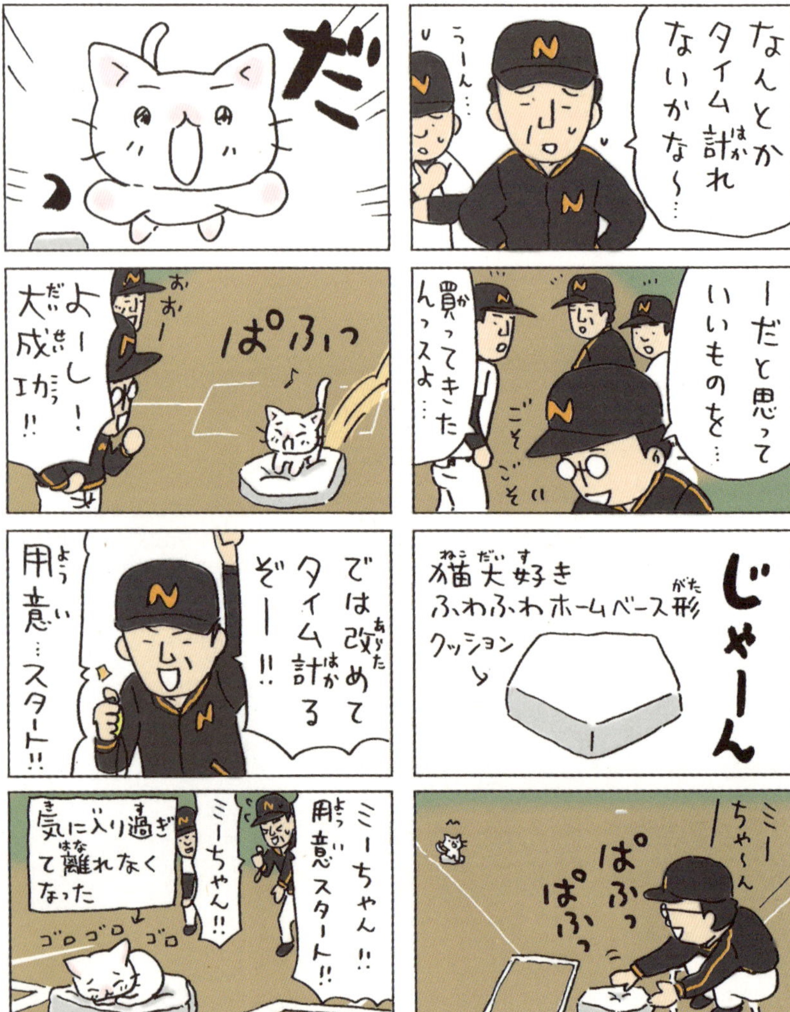
なんとかタイム計れないかな～…
う～ん…
ーだと思っていいものを…
買ってきたんっスよ…
ごそごそ
じゃーん
猫大好きふわふわホームベース形クッション
ミーちゃ～ん
ぱふっ
ぱふっ
だ
よーし！大成功!!
おおー
ぱふっ
では改めてタイム計るぞーー!!
用意…スタート!!
ミーちゃん!!
用意スタート!!
ミーちゃん!!
気に入り過ぎて離れなくなった
ゴロゴロゴロ

猫ピッチャー 139の 裏ばなし

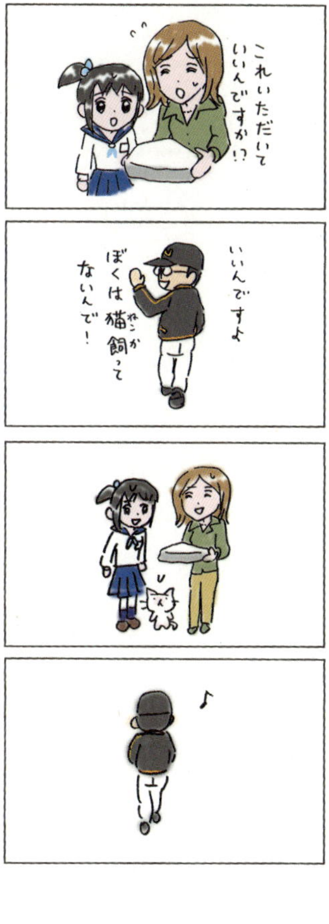

No. 140

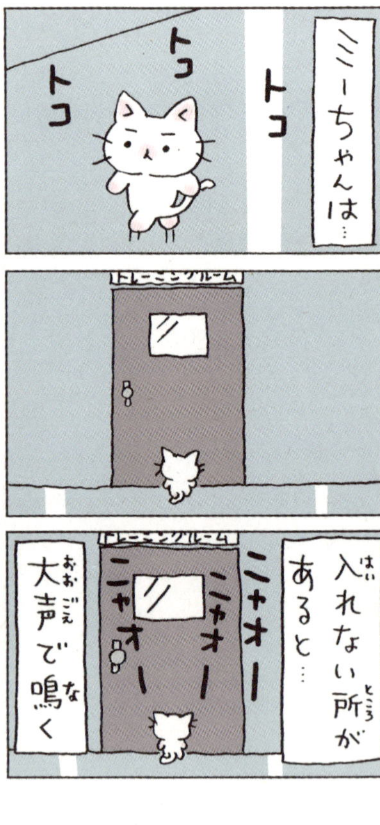
ミーちゃんは…
トコ
トコ
トコ
トコ
トレーニングルーム
入れない所があると…
大声で鳴く
ニャオー
ニャオー

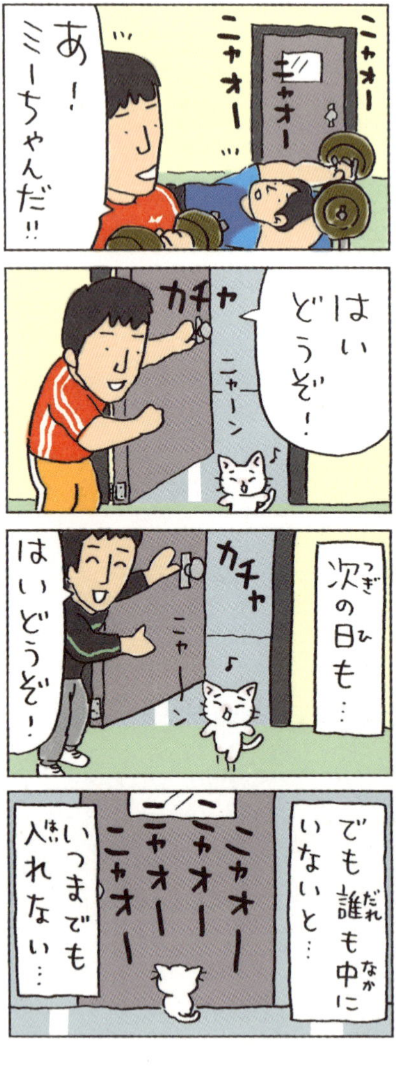
ニャオー
ニャオー
あ！ミーちゃんだ!!
カチャ
はい どうぞ！
ニャーン
♪
次の日も…
カチャ
ニャーン
♪
はいどうぞ！
でも誰も中にいないと…
ニャオー
ニャオー
ニャオー
いつまでも入れない…

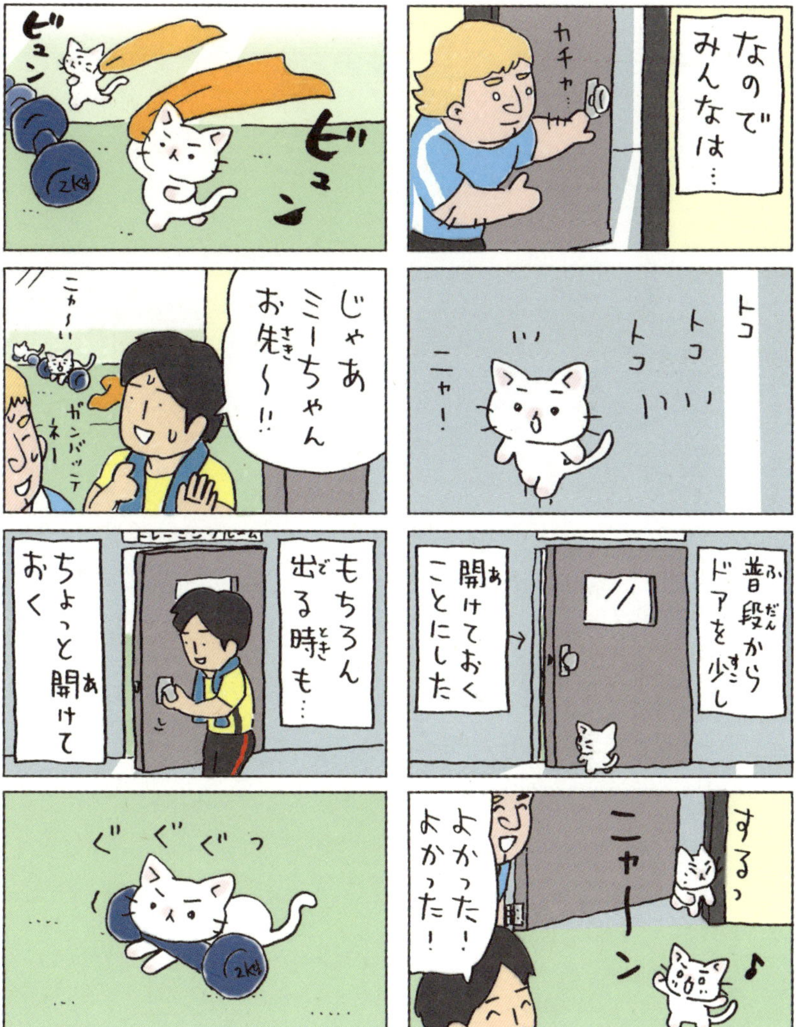

なので
みんなは…
カチャ…
トコ
トコ
トコ
ニャ！
普段からドアを少し
開けておくことにした
するっ
ニャーン
よかった！
よかった！
ビュン
ビュン
じゃあ
ミーちゃん
お先～!!
ニャ～い
ガンバッテネー
もちろん
出る時も…
ちょっと開けて
おく
ぐぐぐっ

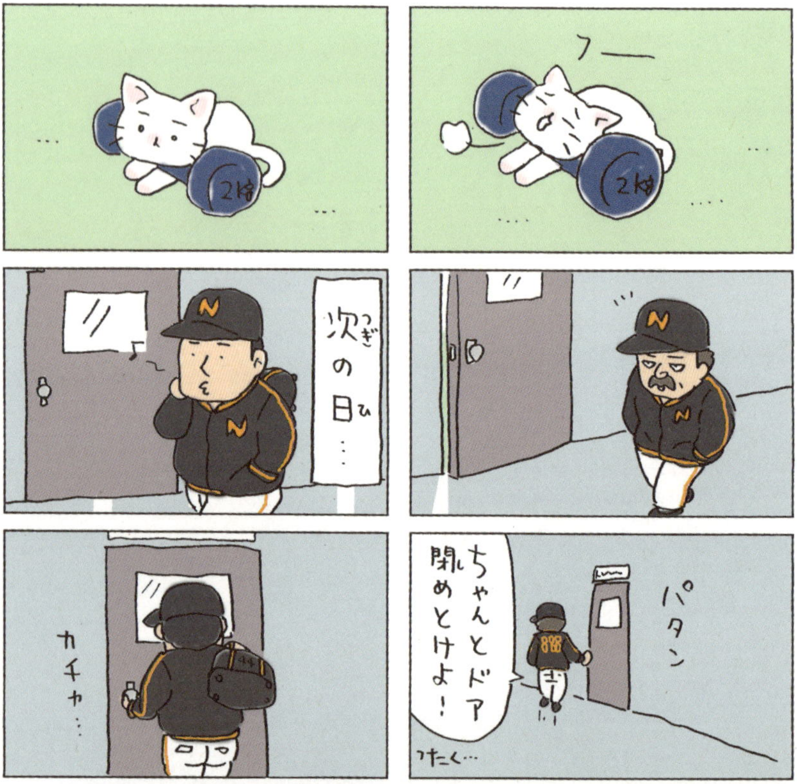
2kg
フー
2kg
次の日…
カチャ…
ちゃんとドア閉めとけよ!
パタン
ったく…
うわー!!
ア゛
スー
パタン
2kg

猫ピッチャー 140の 裏ばなし

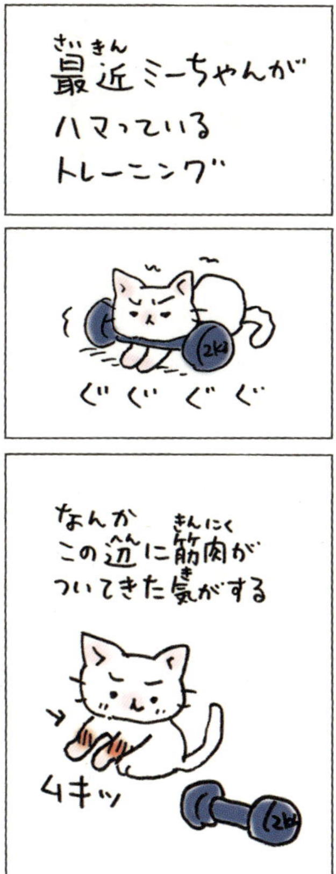

No. 141

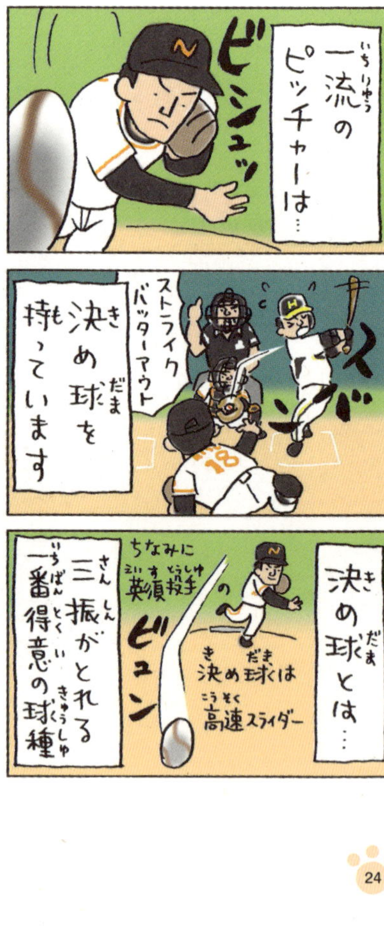
一流のピッチャーは…
ビシュッ
決め球を持っています
ストライクバッターアウト
決め球とは…
ちなみに英須投手の
決め球は高速スライダー
三振がとれる一番得意の球種
ビュン

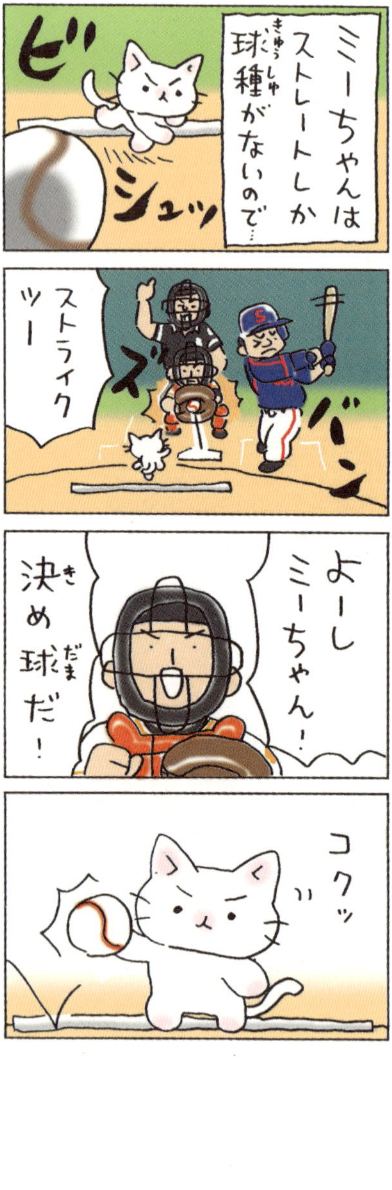
ミーちゃんはストレートしか球種がないので…
ビ
シュッ
ストライクツー
ズ
バン
よーしミーちゃん！
決め球だ！
コクッ

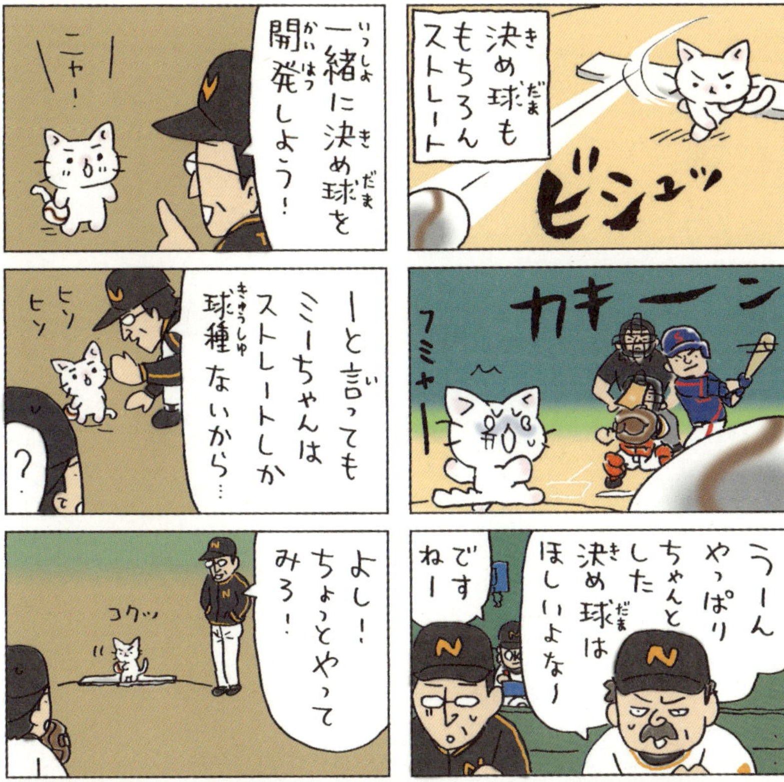

決め球も
もちろん
ストレート
ビシュッ
カキーーン
フミャー！
うーん
やっぱり
ちゃんと
した
決め球は
ほしいよな～
ですねー
そこで…
ニャイアンツ
練習場
ミーちゃん！
ニャっ？
一緒に決め球を開発しよう！
ニャー！
ーと言っても
ミーちゃんは
ストレートしか
球種ないから…
ヒソ
ヒソ
？
よし！
ちょっとやって
みろ！
コクッ

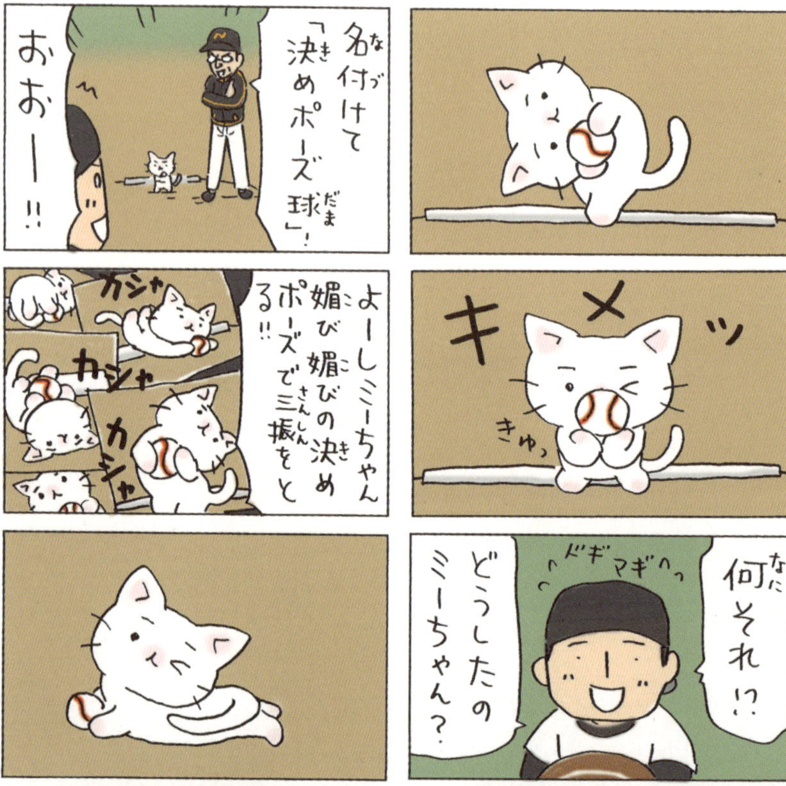
キメッ
きゅっ
何それ!?
どうしたのミーちゃん?
ドギマギ
ビシュッ
ズバン
うわっ
名付けて「決めポーズ球」!
おおーー!!
よーしミーちゃん媚び媚びの決めポーズで三振をとる!!
カシャ
カシャ
カシャ
最強!
何が!?

猫ピッチャー 141の裏ばなし

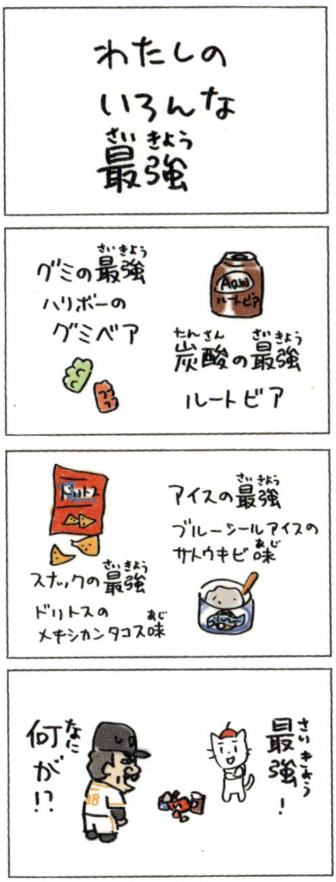

No. 142

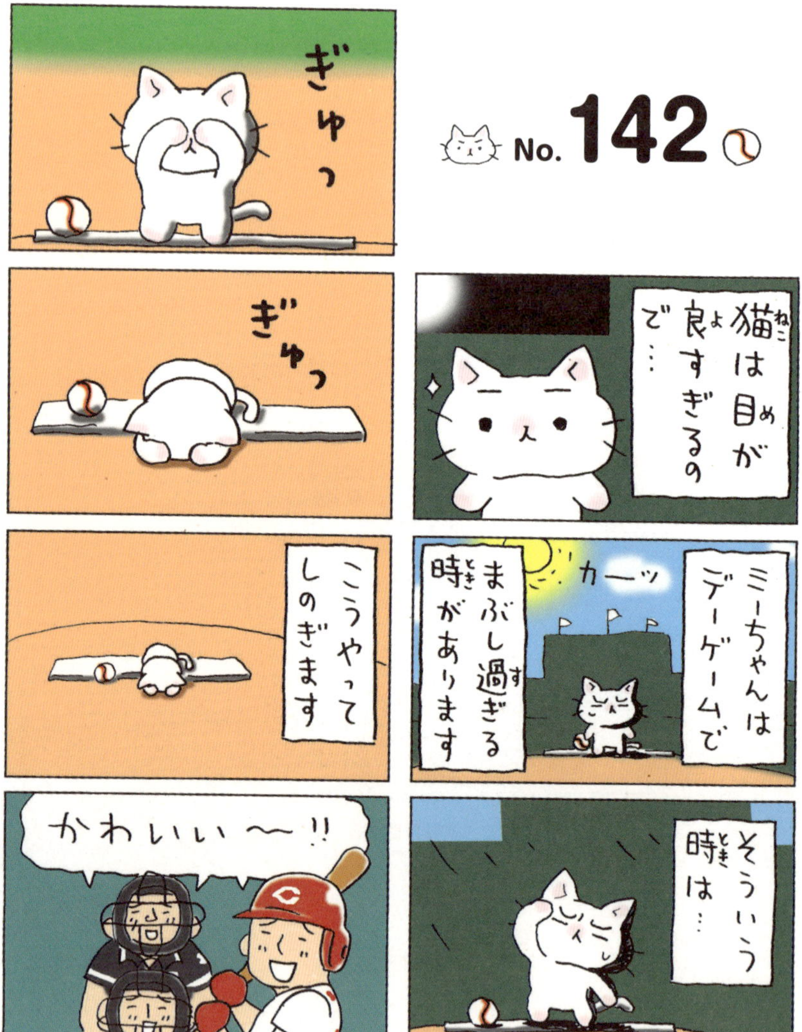
猫は目が良すぎるので…
ミーちゃんはデーゲームで
まぶし過ぎる時があります
カーッ
そういう時は…
ぎゅっ
ぎゅっ
こうやってしのぎます
かわいい〜!!

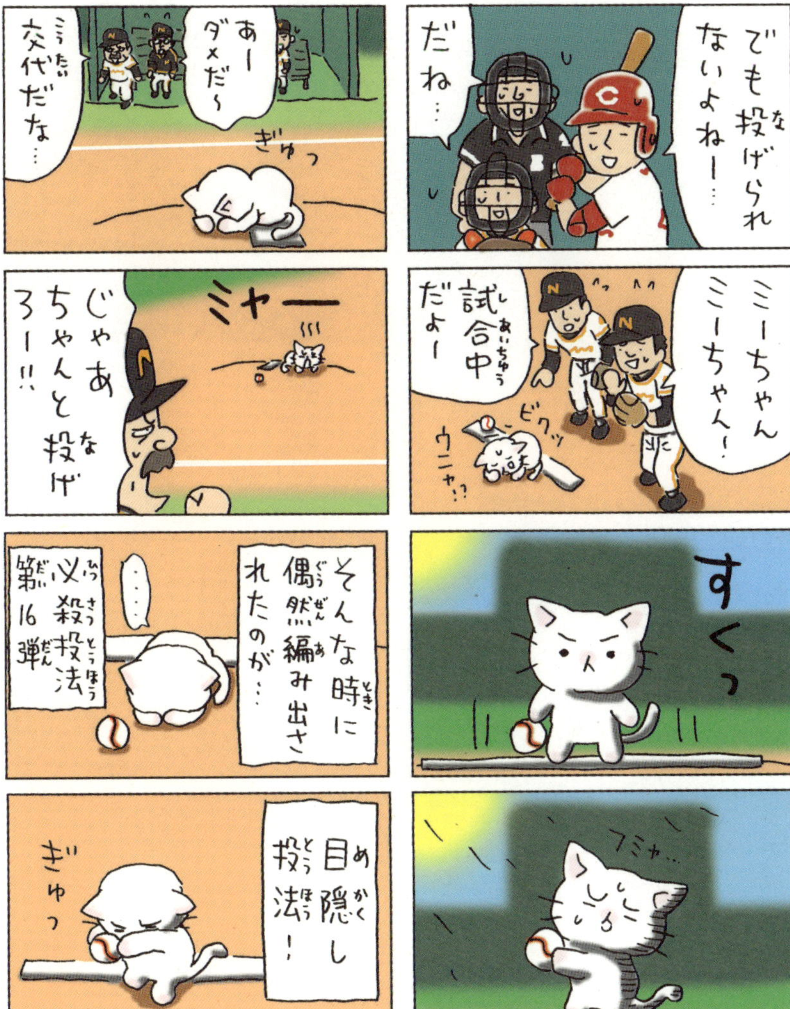
でも投げられないよねー…
だね…
ミーちゃんミーちゃん!
試合中だよー
ビクッ
ウニャ!?
すくっ
フミャ…
あーダメだ~
交代だな…
ぎゅっ
ミャー
じゃあちゃんと投げろー!!
そんな時に偶然編み出されたのが…
……
必殺投法第16弾
目隠し投法!
ぎゅっ

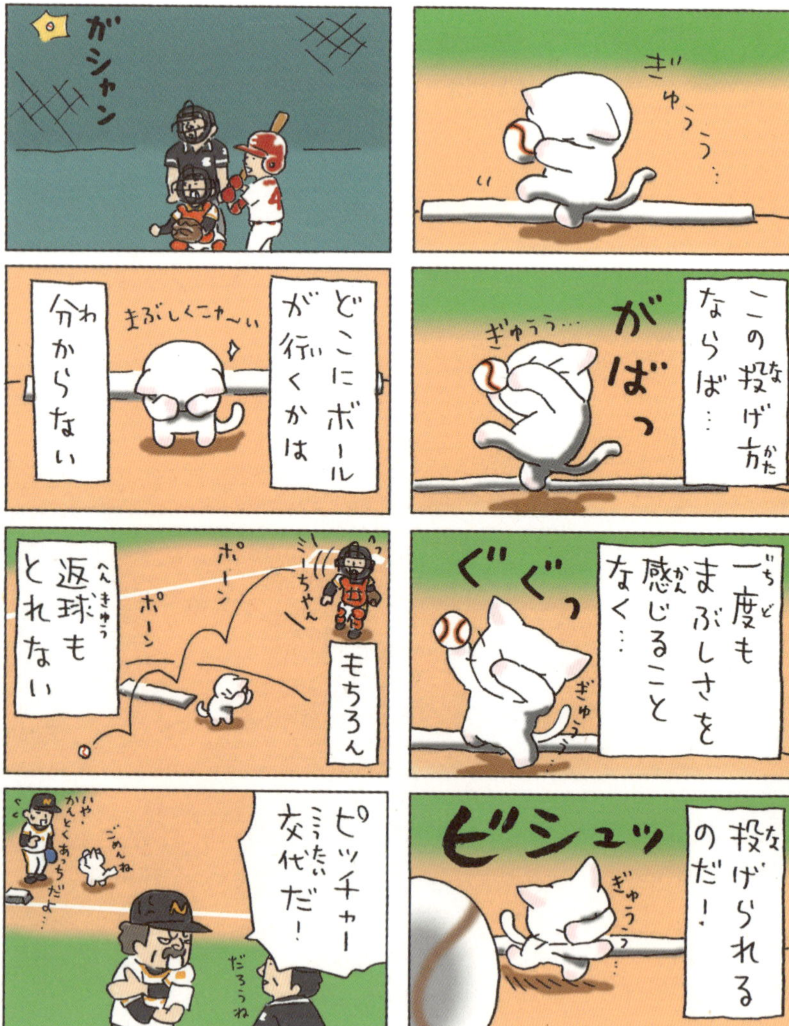
ぎゅううう…
ガシャン
この投げ方ならば…
ぎゅううう…
がばっ
どこにボールが行くかは
分からない
まぶしくニャ〜い
一度もまぶしさを感じることなく…
ぐぐっ
ぎゅう…
もちろん
返球もとれない
ミーちゃん
ポーン
ポーン
投げられるのだ！
ビシュッ
ぎゅう…
ピッチャー交代だ！
だろうね
いや・かんとくあっちだよ…
ごめんね

猫ピッチャー 142の裏ばなし

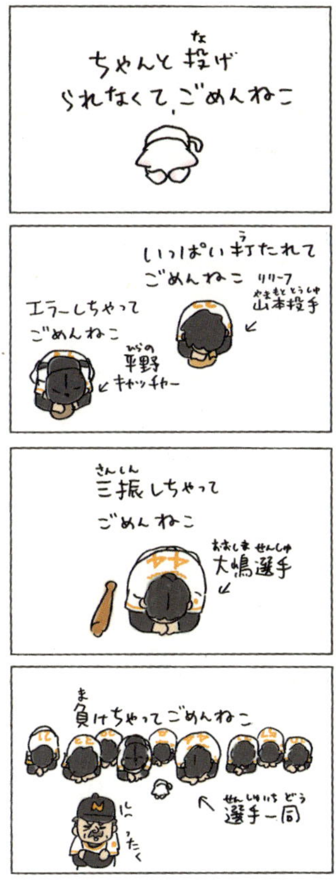

No. 143

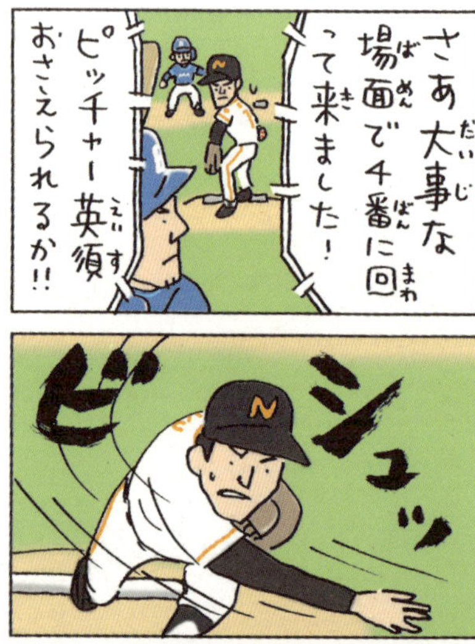
さあ大事な場面で4番に回って来ました！
ピッチャー英須おさえられるか!!
ビシュッ
しまった!! チェンジアップか!!
ふわっ
ブン
SAKUGO

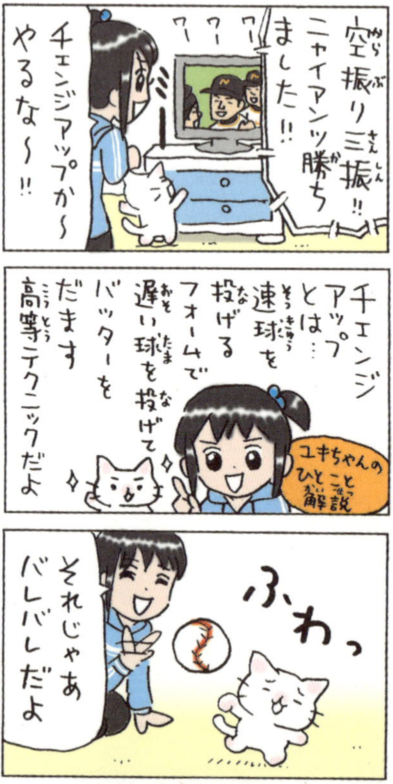
空振り三振!! ニャイアンツ勝ちました!!
ワー ワー ワー
チェンジアップか～やるな～!!
チェンジアップとは…速球を投げるフォームで遅い球を投げてバッターをだます高等テクニックだよ
ユキちゃんのひとこと解説
ふわっ
それじゃあバレバレだよ
ニャイアンツ練習場
えっ？チェンジアップ？
ニャー
スパン
スパン

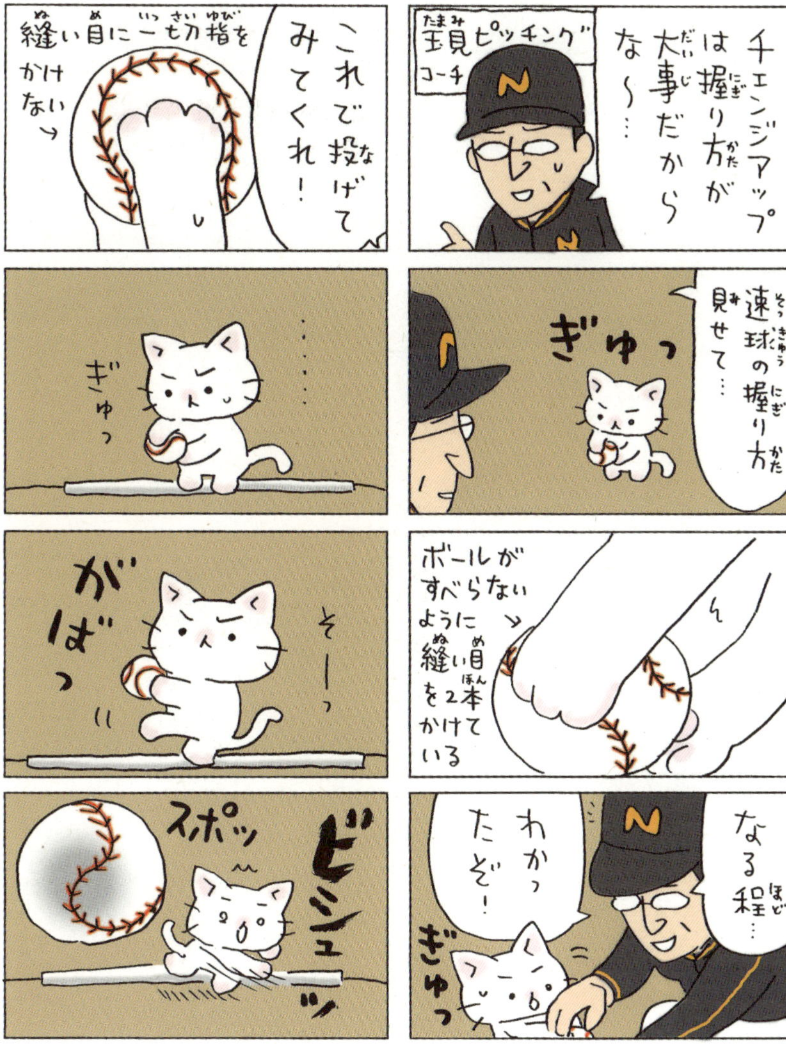

玉見ピッチングコーチ
チェンジアップは握り方が大事だからな〜…
速球の握り方見せて…
ぎゅっ
ボールがすべらないように縫い目を2本かけている
ん
なる程…
わかったぞ!
ぎゅっ
これで投げてみてくれ!
縫い目に一切指をかけない→
……
ぎゅっ
がばっ
そーっ
スポッ
ビシュッ

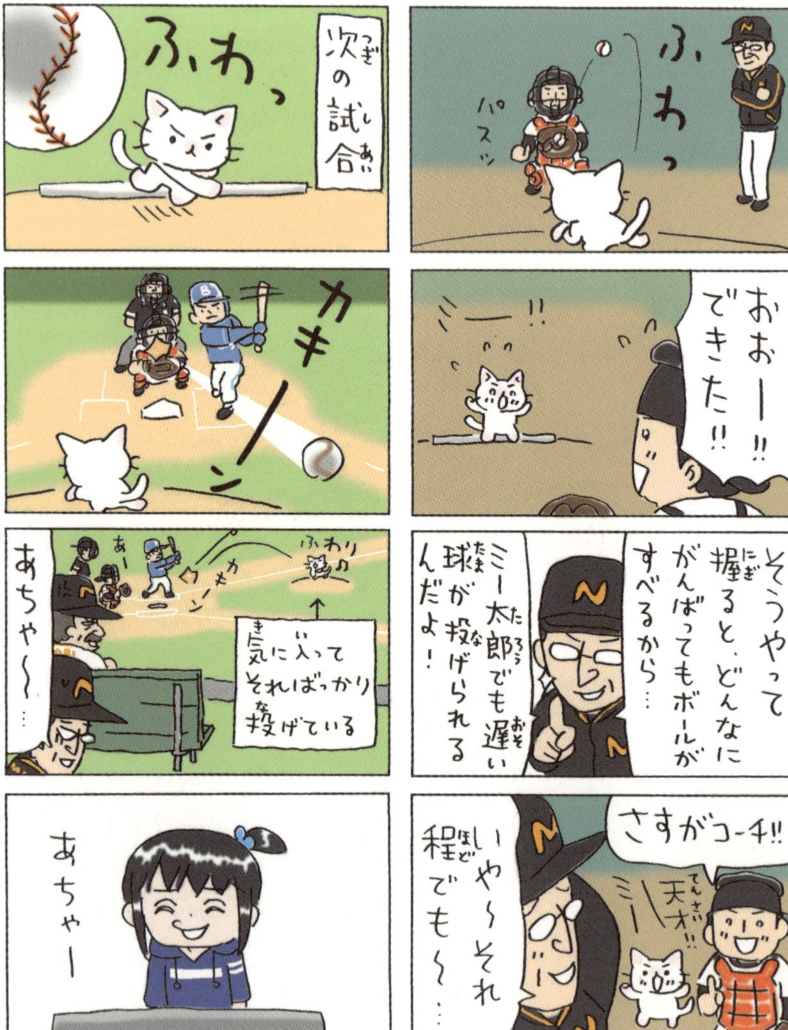
ふわっ
パスッ
おおー!!
できた!!
ミー!!
そうやって握ると、どんなにがんばってもボールがすべるから…
ミー太郎でも遅い球が投げられるんだよ!
さすがコーチ!!
いや〜それ程でも〜…
天才!!
ミー
次の試合
ふわっ
カキーン
あちゃ〜…
あー
カキーン
ふわり♪
気に入ってそればっかり投げている
あちゃー

猫ピッチャー

143の

裏ばなし

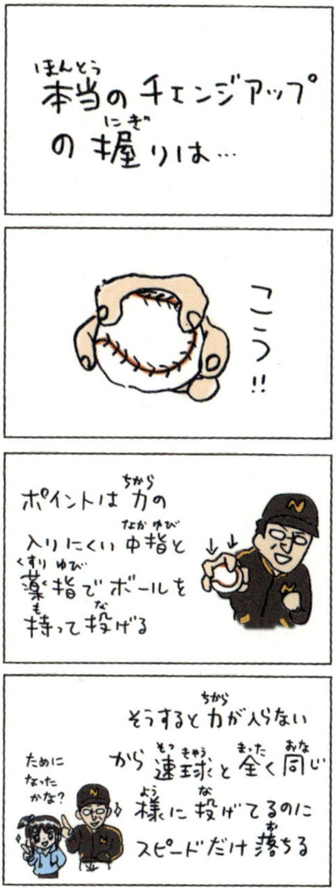

No. 144

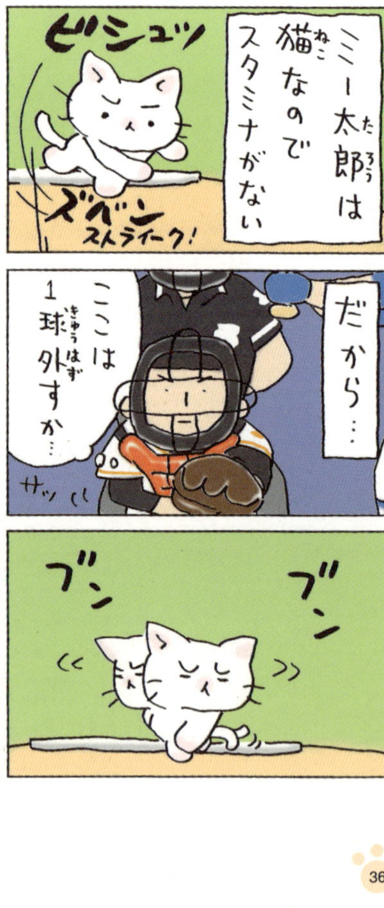

ミー太郎は
猫なので
スタミナがない
ビシュッ
ズバーン
ストライーク!
だから…
ここは
1球外すか…
サッ
ブン
ブン

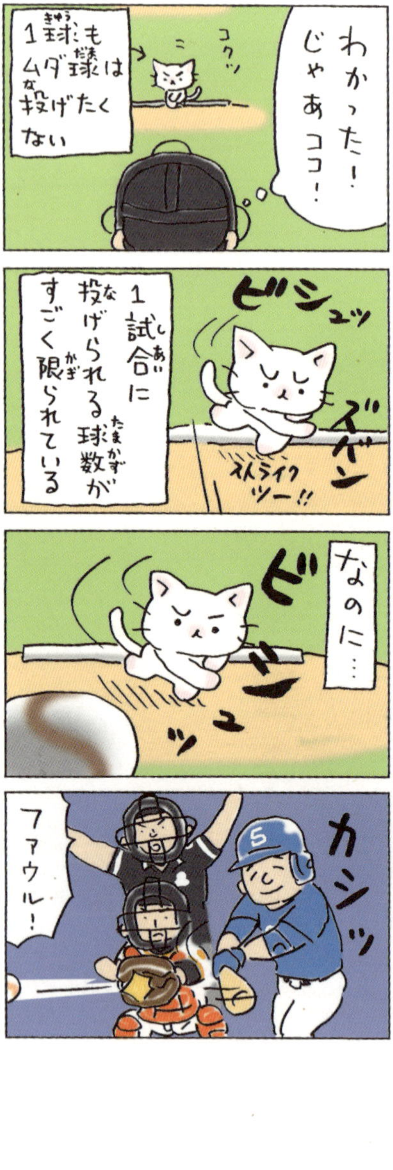

1球も
ムダ球は
投げたく
ない
コクッ
わかった!
じゃあココ!
1試合に
投げられる球数が
すごく限られている
ビシュッ
ズバーン
ストライク
ツー!!
なのに…
ファウル!
カシッ

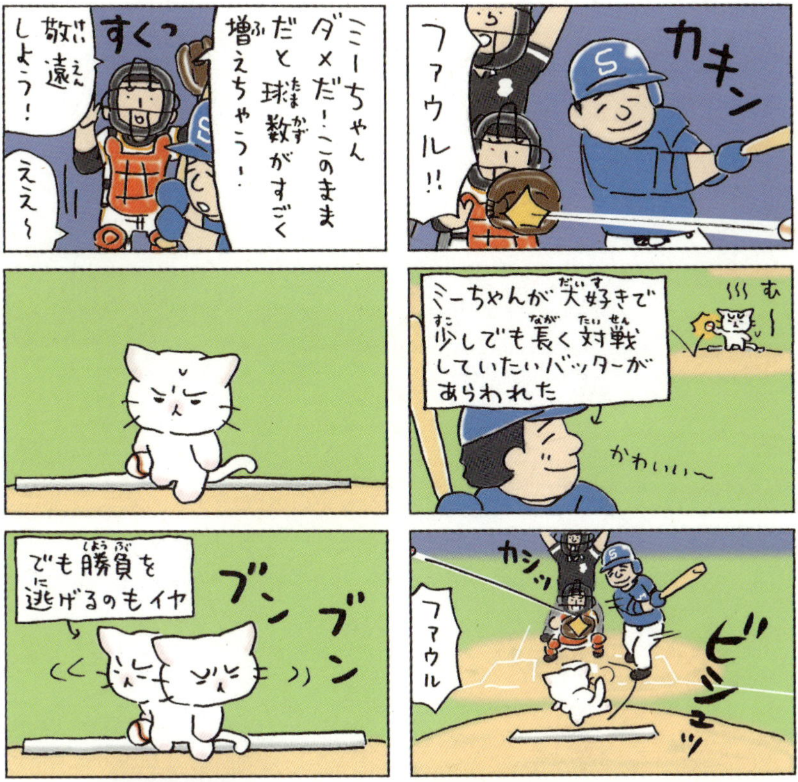
カキン
ファウル!!
ミーちゃんが大好きで少しでも長く対戦していたいバッターがあらわれた
むー
かわいい〜
カシッ
ファウル
ビシュッ
イラ
イラ
イラ
すくっ
ミーちゃんダメだ！このままだと球数がすごく増えちゃう！
敬遠しよう！
ええ〜
でも勝負を逃げるのもイヤ
ブン
ブン
やっぱりか〜じゃあどうしたら
いいんだろう…

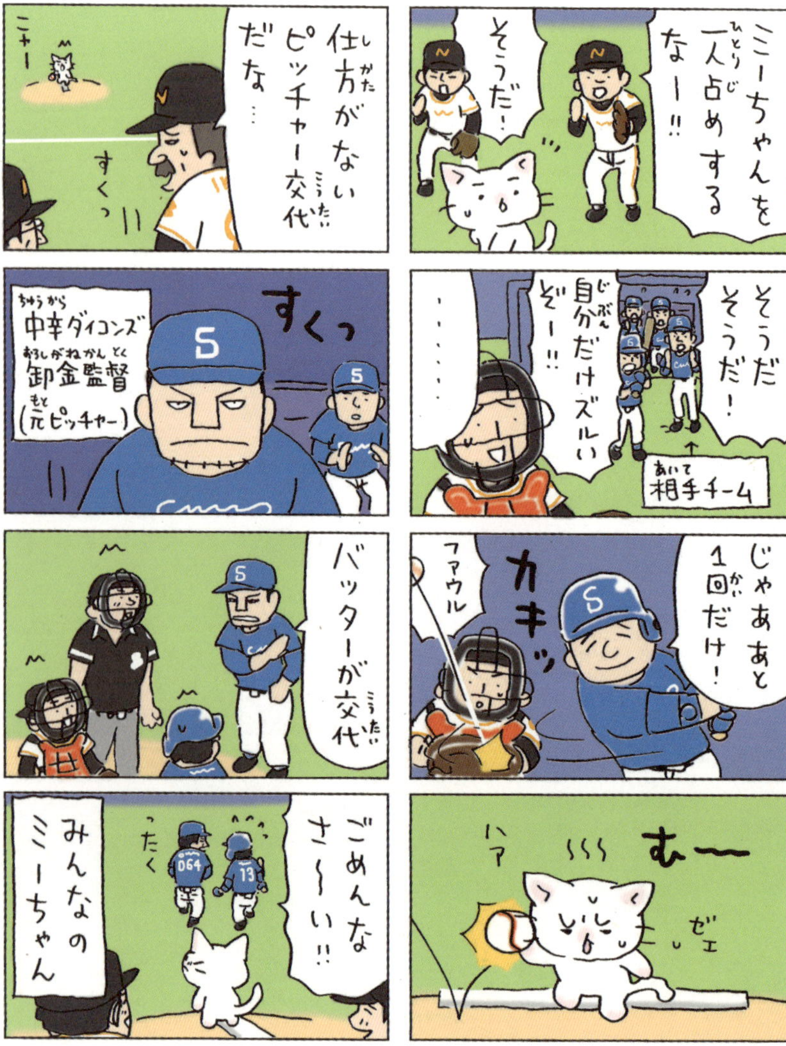
ミーちゃんを一人占めするなー!!
そうだ!
そうだそうだ!
自分だけズルいぞー!!
……
相手チーム
じゃああと1回だけ!
カキッ
ファウル
ハア
むー
ゼエ
ニャー
仕方がないピッチャー交代だな…
すくっ
すくっ
中辛ダイコンズ
卸金監督
(元ピッチャー)
バッターが交代
ごめんなさ〜い!!
ったく
064
13
みんなのミーちゃん

猫ピッチャー 144の 裏ばなし

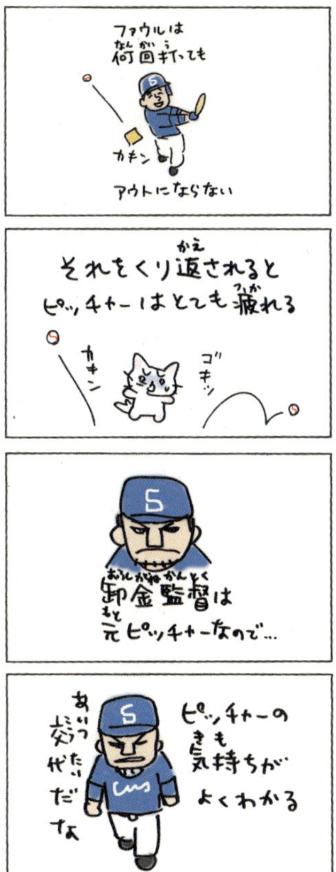

No. 145

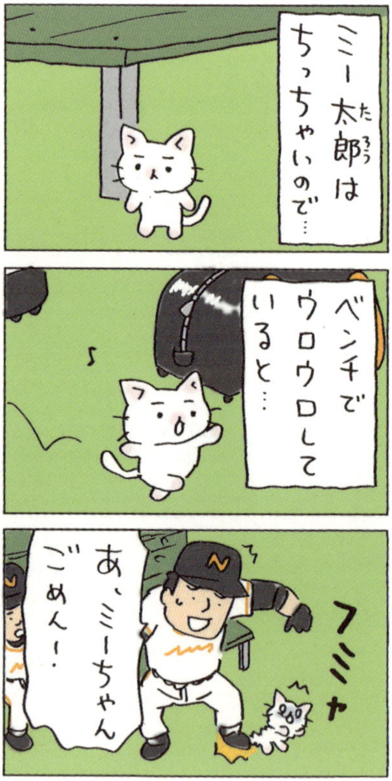
ミー太郎はちっちゃいので…
ベンチでウロウロしていると…
あ、ミーちゃんごめん！
フミャ

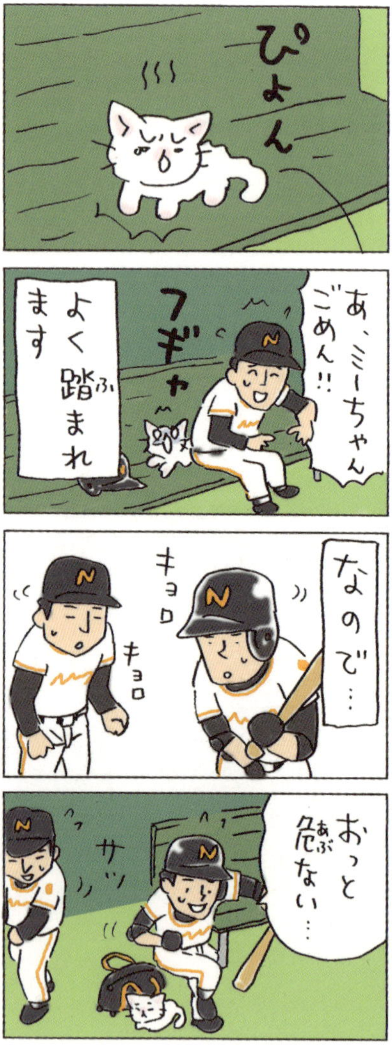
ぴょん
あ、ミーちゃんごめん!!
フギャ
よく踏まれます
なので…
キョロ
キョロ
おっと危ない…
サッ

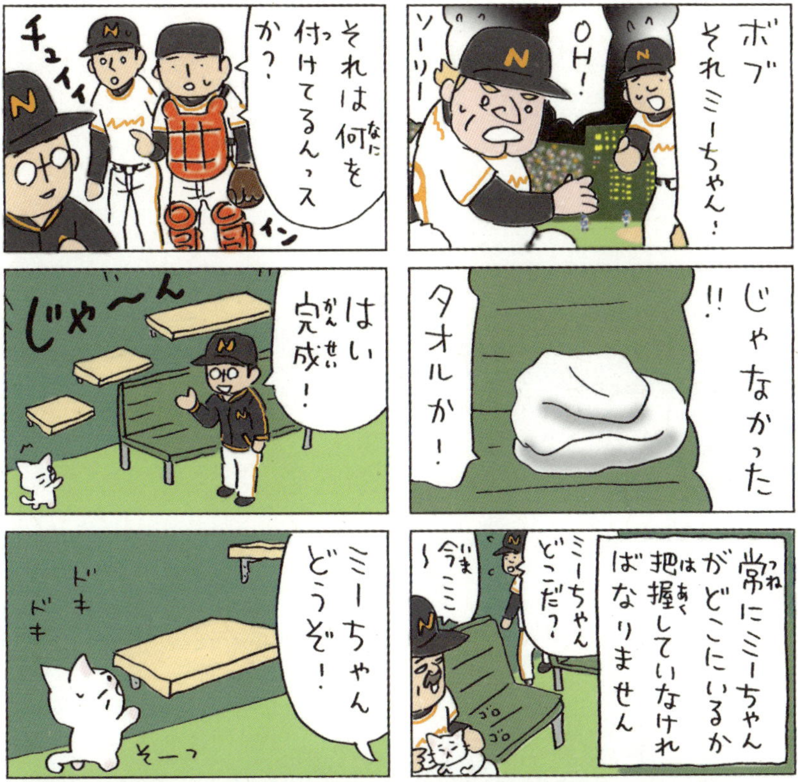
ボブ
それミーちゃん！
OH!
ソーリー
じゃなかった
!!
タオルか！
常にミーちゃんがどこにいるか把握していなければなりません
ミーちゃんどこだ？
今ここ〜
ゴロ
ゴロ
そこで…
チュイイイイン
それは何を付けてるんっスか？
チュイイイン
はい
完成！
じゃ〜ん
ミーちゃんどうぞ！
ドキ
ドキ
そーっ
ぴょん

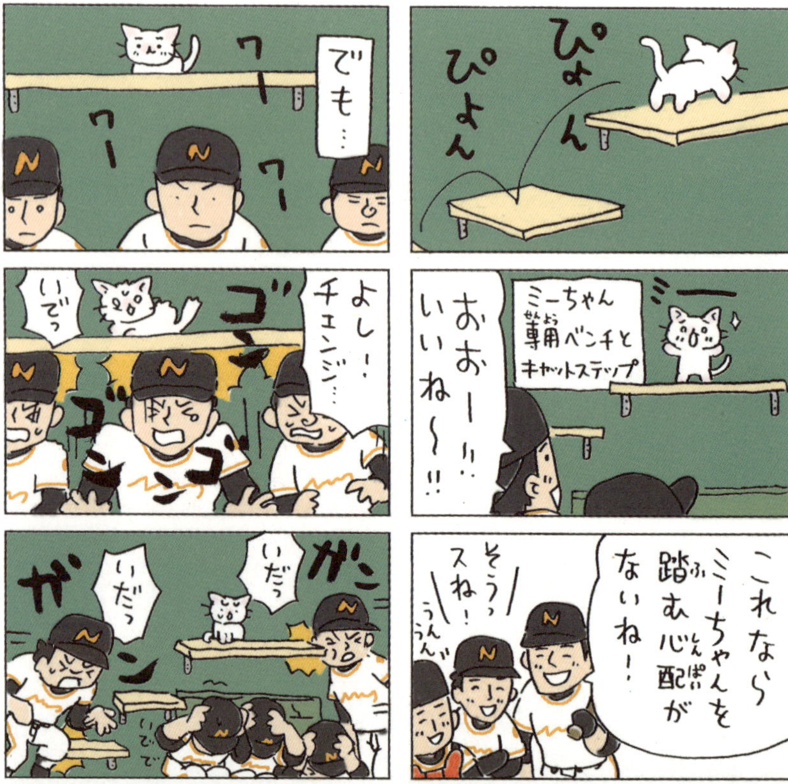
ぴょん
ぴょん
ミーちゃん専用ベンチとキャットステップ
ミー
おおー!!
いいね〜!!
これならミーちゃんを踏む心配がないね!
そうっスね!
うんうん
ニャ〜ン
でも…
ワー
ワー
ワー
ワー
よし!チェンジ…
いでっ
ゴン
ゴン
ゴン
ゴン
がこ
いだっ
いだっ
がン
いでで
危ないから撤去

猫ピッチャー

145の裏ばなし

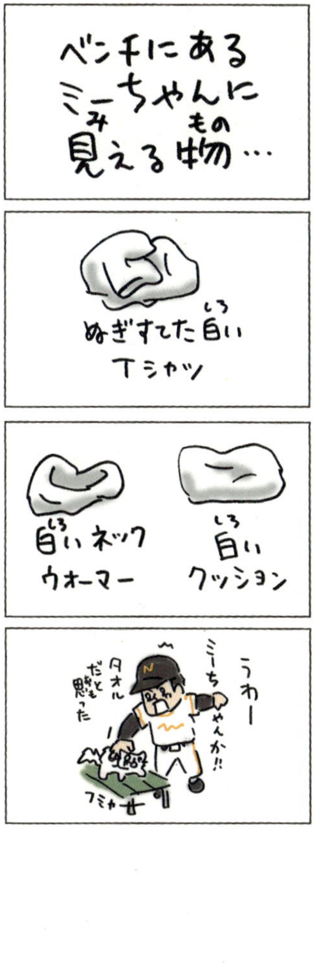

No. 146

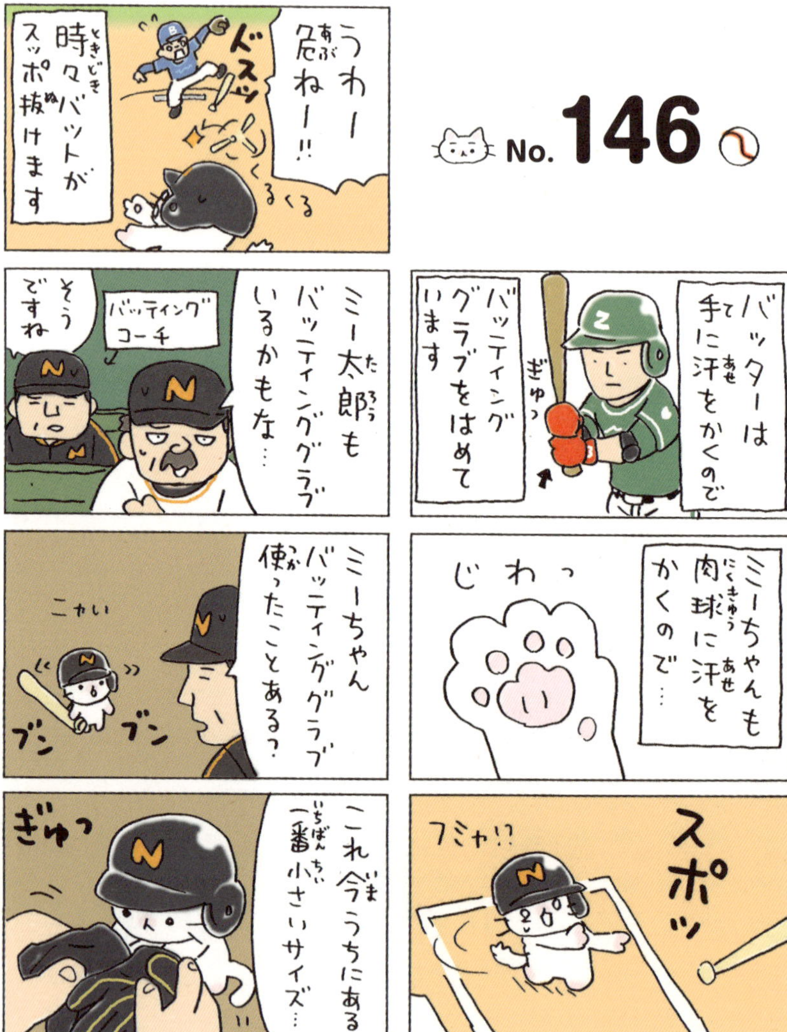
バッターは手に汗をかくので
バッティンググラブをはめています
ぎゅっ
ミーちゃんも肉球に汗をかくので…
じわっ
スポッ
フミャ!?
うわー危ねー!!
ドスッ
くるくる
時々バットがスッポ抜けます
ミー太郎もバッティンググラブいるかもな…
バッティングコーチ
そうですね
ミーちゃんバッティンググラブ使ったことある?
ブンブン
これ今うちにある一番小さいサイズ…
ぎゅっ

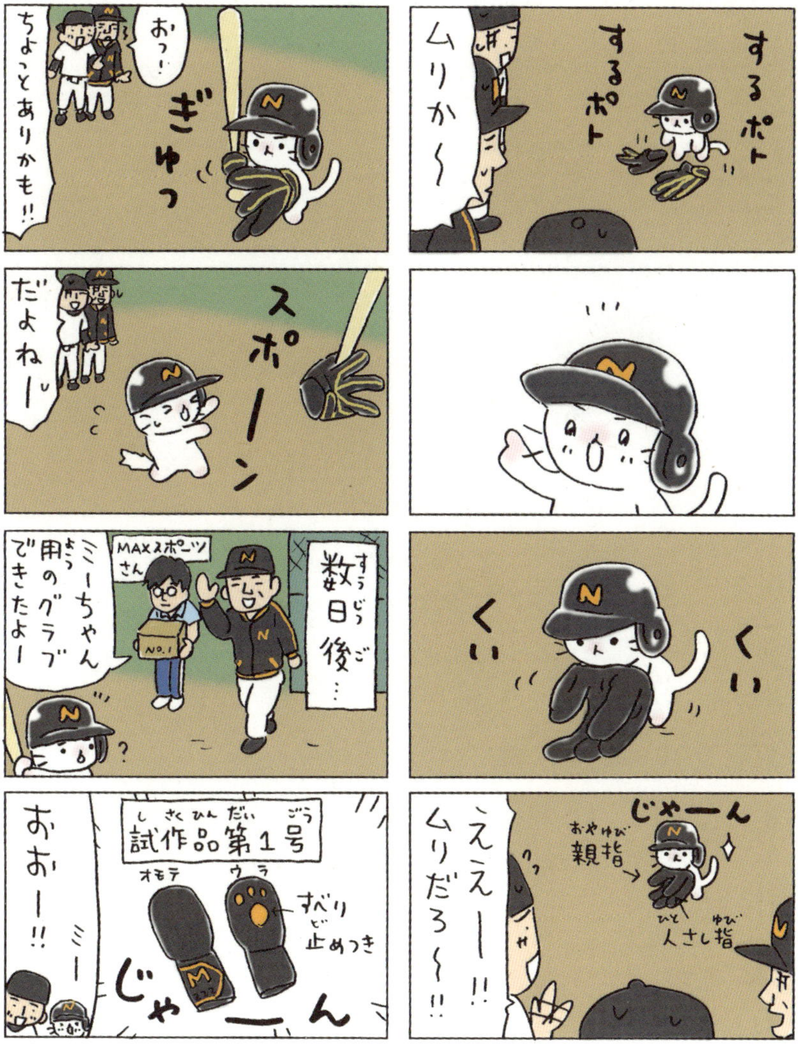

するポト
するポト
ムリか～
くい
くい
じゃーん
親指
人さし指
えぇー!!
ムリだろ～!!
おっ!
ぎゅっ
ちょっとありかも!!
スポーン
だよねー
数日後…
MAXスポーツさん
ミーちゃん用のグラブできたよー
?
試作品第1号
オモテ
ウラ
すべり止めつき
じゃーん
おおー!!
ミー

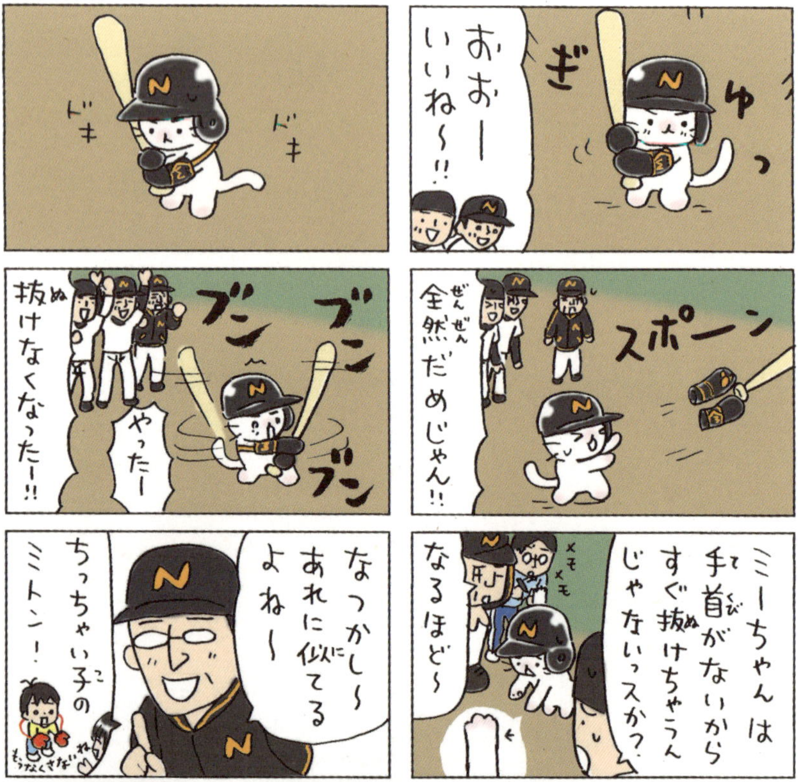
ぎゅっ
おおー
いいねー!!
スポーン
全然だめじゃん!!
ミーちゃんは
手首がないから
すぐ抜けちゃうん
じゃないっスか?
メモ メモ
なるほど〜
だったら
こうしましょう
じゃーん
ヒモでつなげた
第2号
ドキ ドキ
ブン ブン ブン
やったー
抜けなくなったー!!
なつかしー
あれに似てる
よねー
ちっちゃい子の
ミトン!
もうなくさないね
だっ
玉見コーチ!!
えっ何!?
ポイッ

猫ピッチャー
146の
裏ばなし

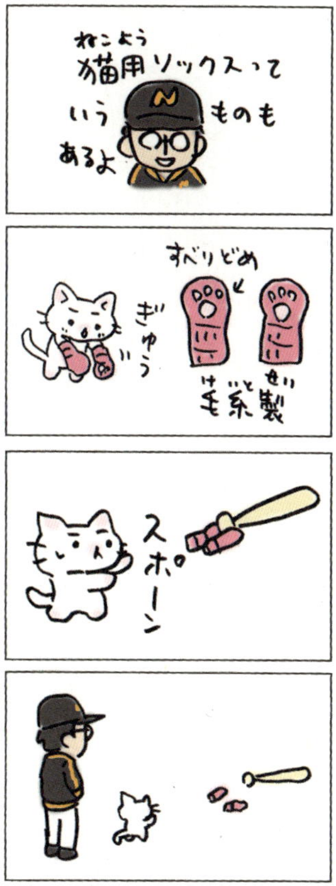

No. 147

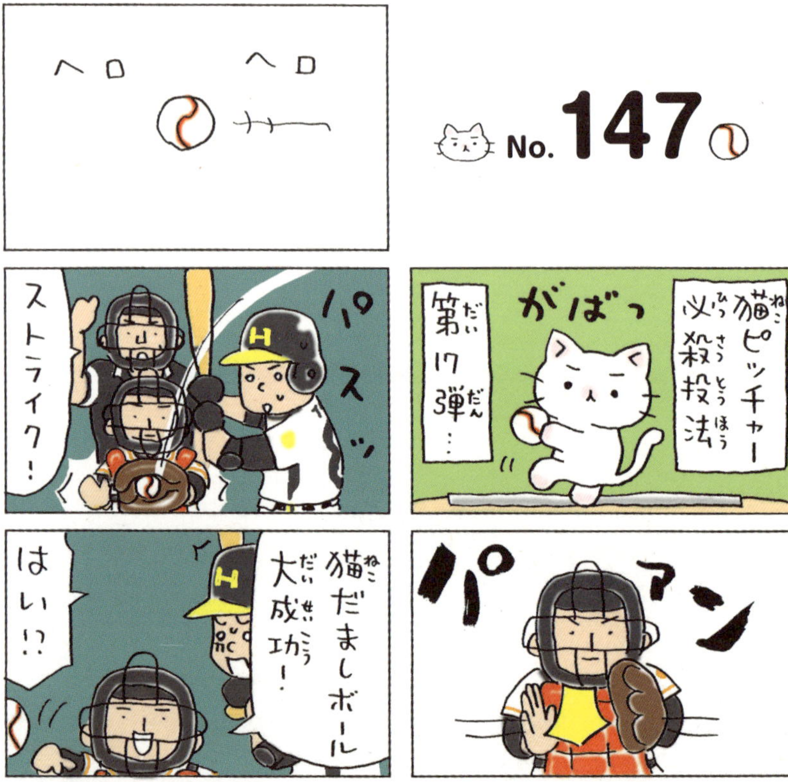

猫ピッチャー必殺投法
第17弾…
がばっ
パアン
ポイッ
ビクッ
ヘロ　ヘロ
パスッ
ストライク！
猫だましボール大成功！
はい！？
猫だましボール
猫をびっくりさせてから投げさせるボール
ビクッ
ピシュ

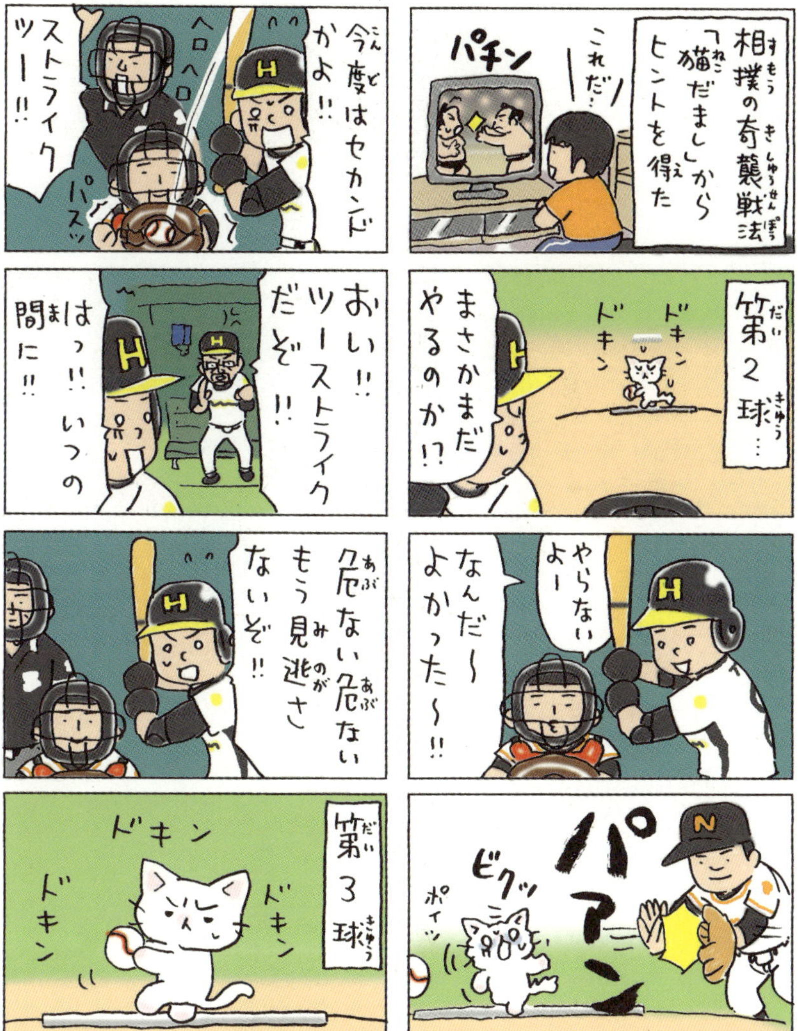
相撲の奇襲戦法「猫だまし」からヒントを得た
これだ!
パチン
第2球…
ドキン
ドキン
まさかまだやるのか!?
やらないよー
なんだ〜よかった〜!!
パァン
ビクッ
ポイッ
今度はセカンドかよ!!
ヘロヘロ
パスッ
ストライクツー!!
おい!!ツーストライクだぞ!!
はっ!! いつの間に!!
危ない危ないもう見逃さないぞ!!
第3球
ドキン
ドキン

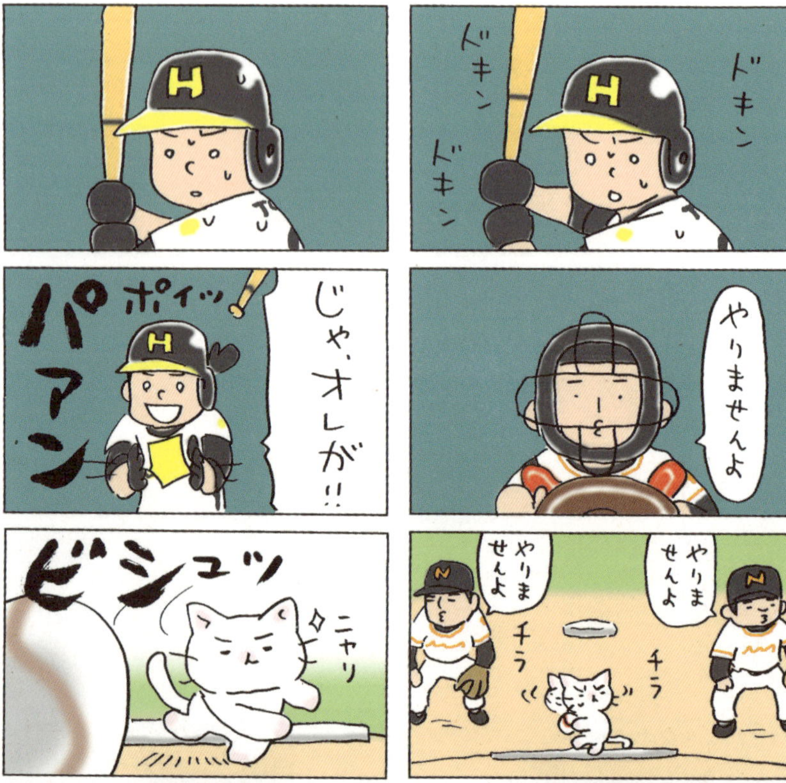
ドキン
ドキン
ドキン
ドキン
やりませんよ
やりませんよ
やりませんよ
チラ
チラ
あれ?
誰もやらないのか?
パアン
ポイッ
じゃ、オレが!!
ビシュッ
ニヤリ
はっしまった!!
ノセられたかー!!
ズバン
バッターアウト
第18弾?
猫にだまされボール

猫ピッチャー

147の

裏ばなし

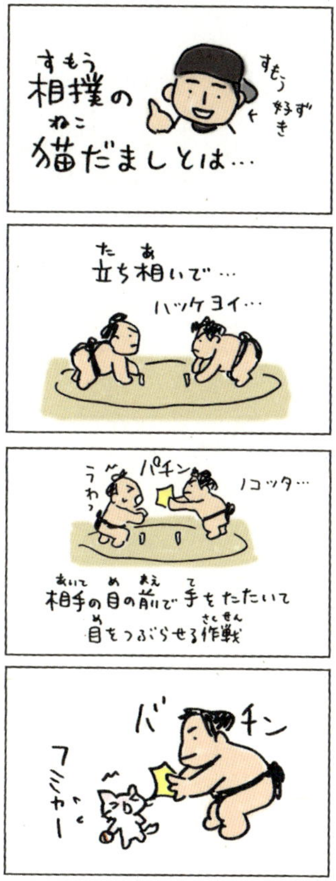

No. 148

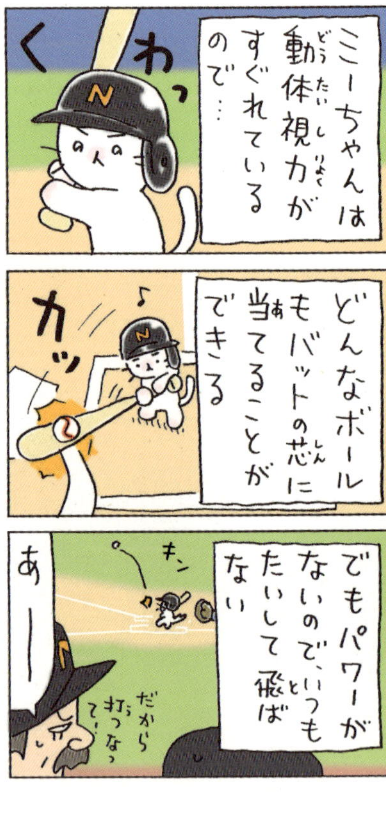
ミーちゃんは動体視力がすぐれているので…
くわっ
どんなボールもバットの芯に当てることができる
カッ
でもパワーがないので、いつもたいして飛ばない
キン
あーー
だから打つなって…

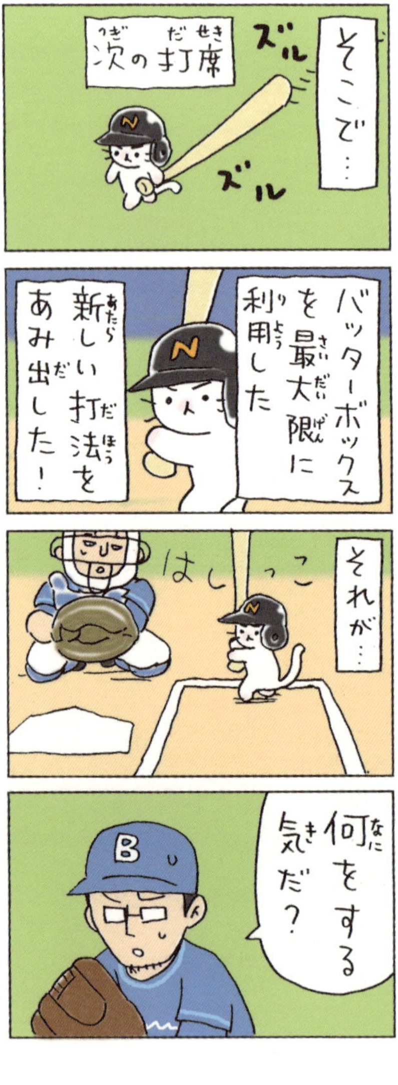
次の打席
そこで…
ズル
ズル
バッターボックスを最大限に利用した
新しい打法をあみ出した！
それが…
はしっこ
何をする気だ？

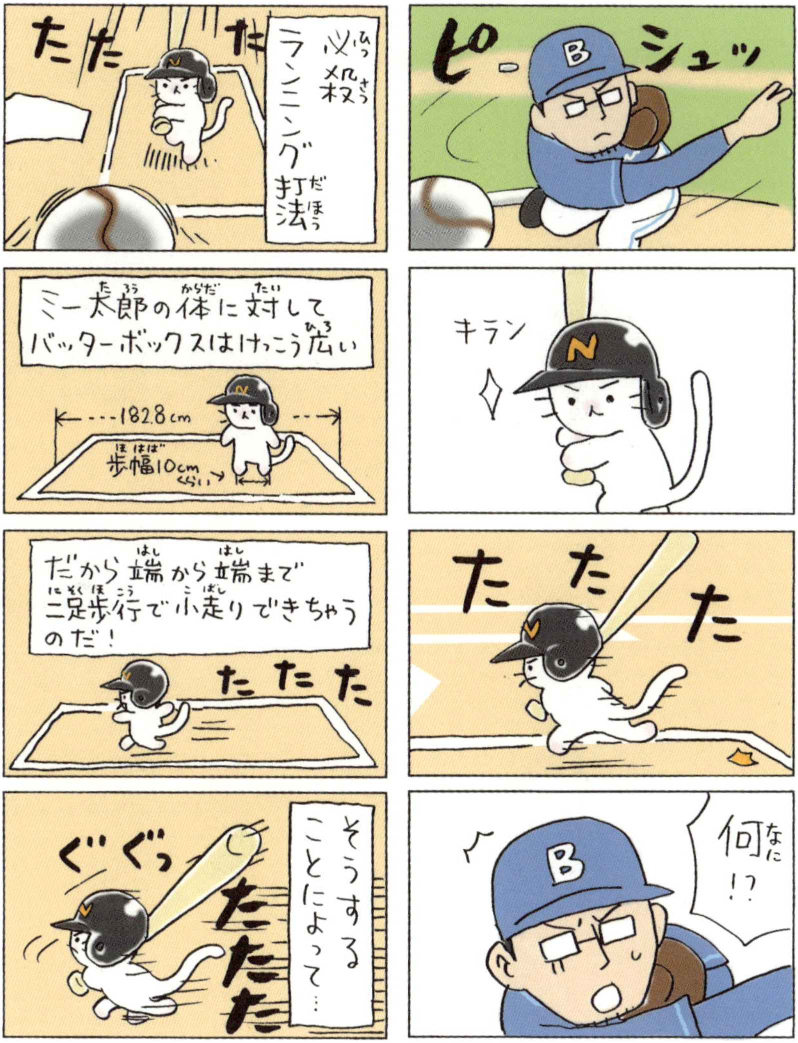
ピ
シュッ
キラン
た た た
何!?
たた た
必殺ランニング打法
ミー太郎の体に対して
バッターボックスはけっこう広い
182.8cm
歩幅10cmくらい
だから端から端まで
二足歩行で小走りできちゃうのだ！
たたた
ぐぐっ
たたた
そうすることによって…

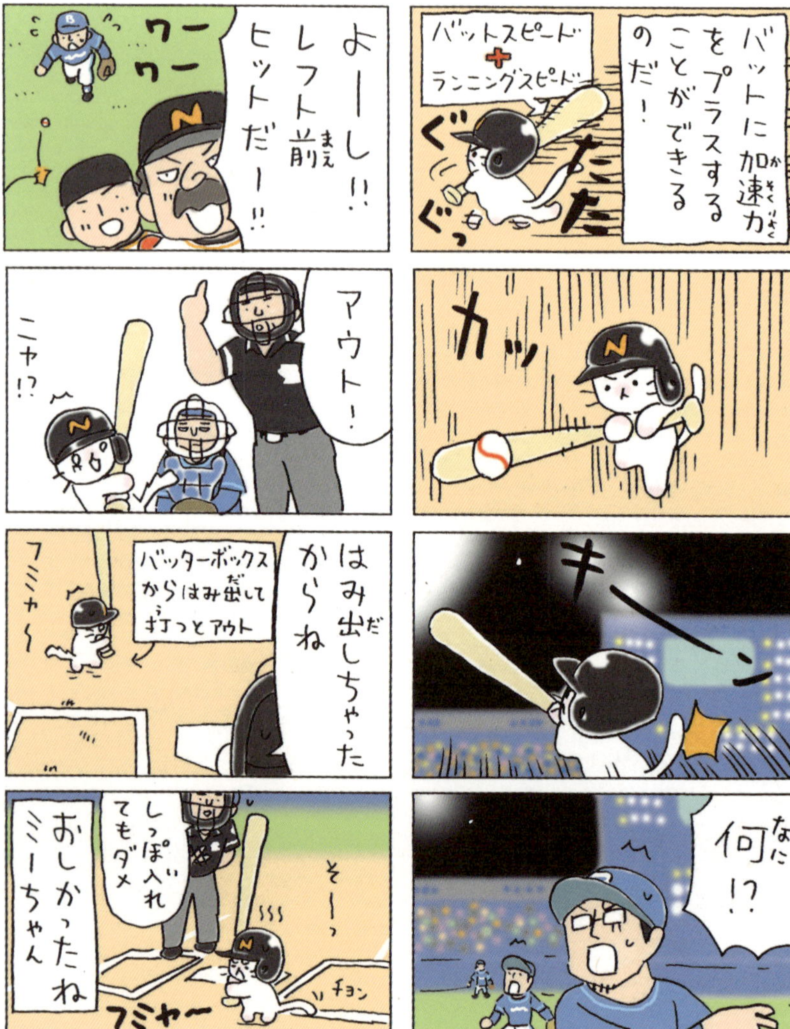
バットに加速力をプラスすることができるのだ！
バットスピード＋ランニングスピード
ぐっ
ぐっ
たた
カッ
キーン
何!?
ワー
ワー
よーし!! レフト前ヒットだー!!
アウト！
ニャ!?
はみ出しちゃったからね
バッターボックスからはみ出して打つとアウト
フミャ〜
おしかったねミーちゃん
しっぽ入れてもダメ
そ〜っ
チョン
フミャ〜

猫ピッチャー 148の 裏ばなし

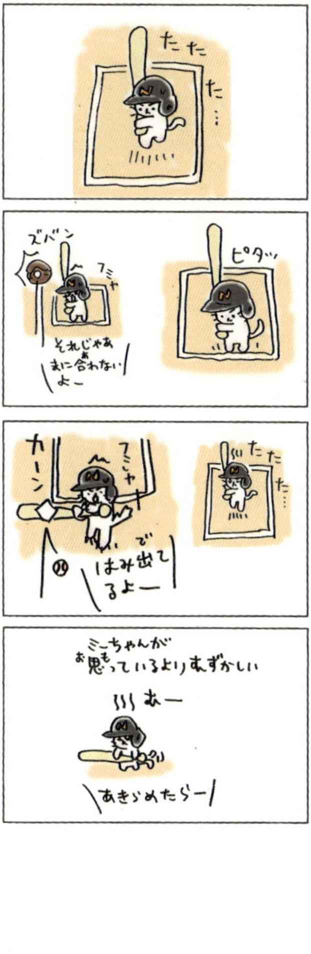

No. 149

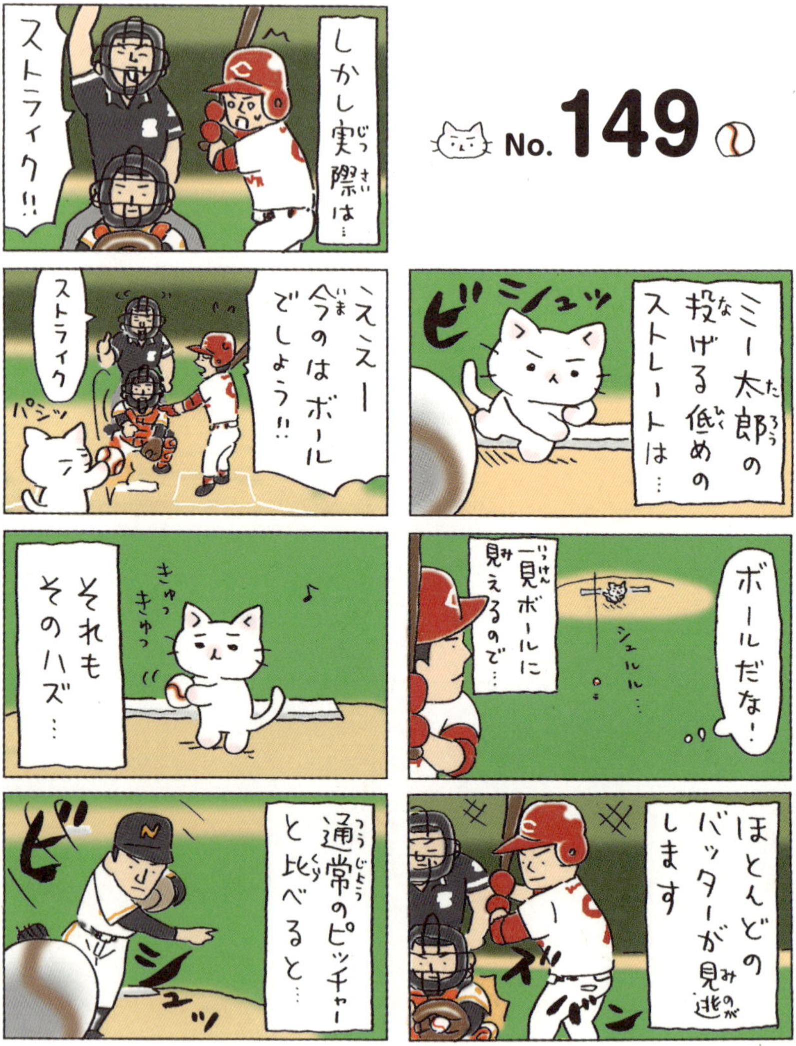
ミー太郎の投げる低めのストレートは…
ビシュッ
ボールだな！
一見ボールに見えるので…
シュルル…
ほとんどのバッターが見逃します
ズバン
しかし実際は…
ストライク!!
えぇー今のはボールでしょう!!
ストライク
パシッ
それもそのハズ…
きゅっきゅっ
通常のピッチャーと比べると…
ビュ
シュッ

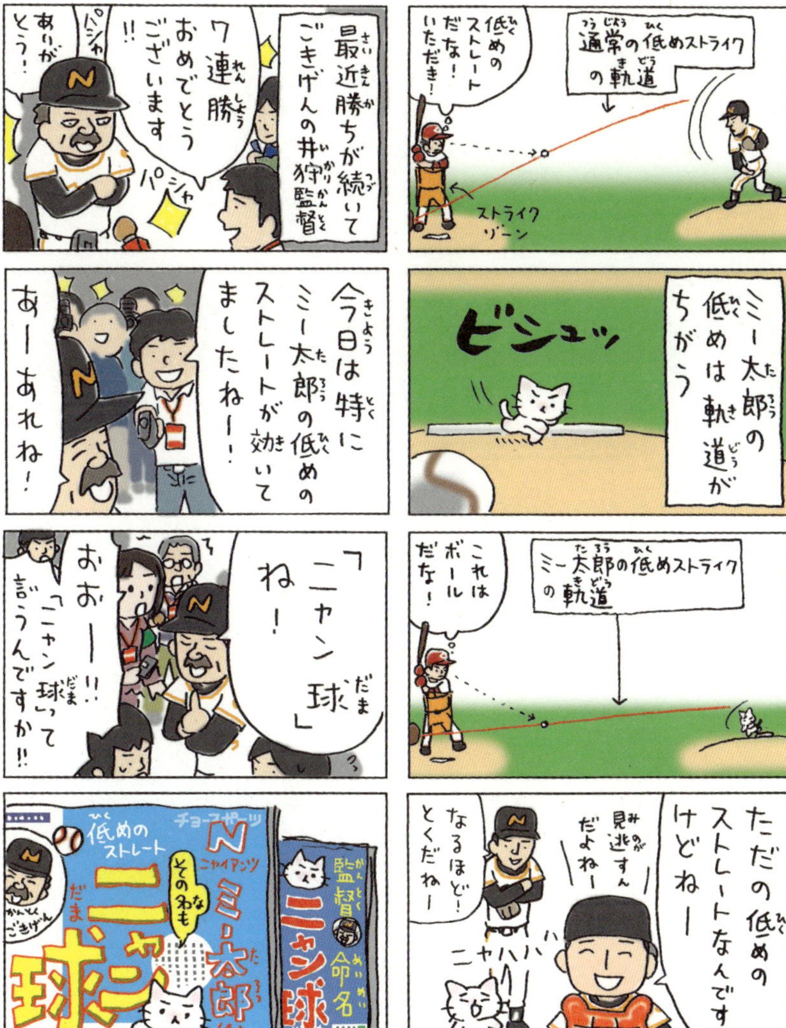

通常の低めストライクの軌道
低めのストレートだな！いただき！
ストライクゾーン
ミー太郎の低めは軌道がちがう
ビシュッ
ミー太郎の低めストライクの軌道
これはボールだな！
ただの低めのストレートなんですけどねー
見逃すんだよねー
なるほど！とくだねー
ニャハハハ
最近勝ちが続いてごきげんの井狩監督
7連勝おめでとうございます!!
パシャ
パシャ
ありがとう！
今日は特にミー太郎の低めのストレートが効いてましたねー！
あーあれね！
「ニャン球」ね！
おおーー!!「ニャン球」って言うんですか!!
チョースポーツ
低めのストレート
ニャン球
その名も
監督ごきげん
N ニャイアンツ
ミー太郎(1)
監督命名
ニャン球

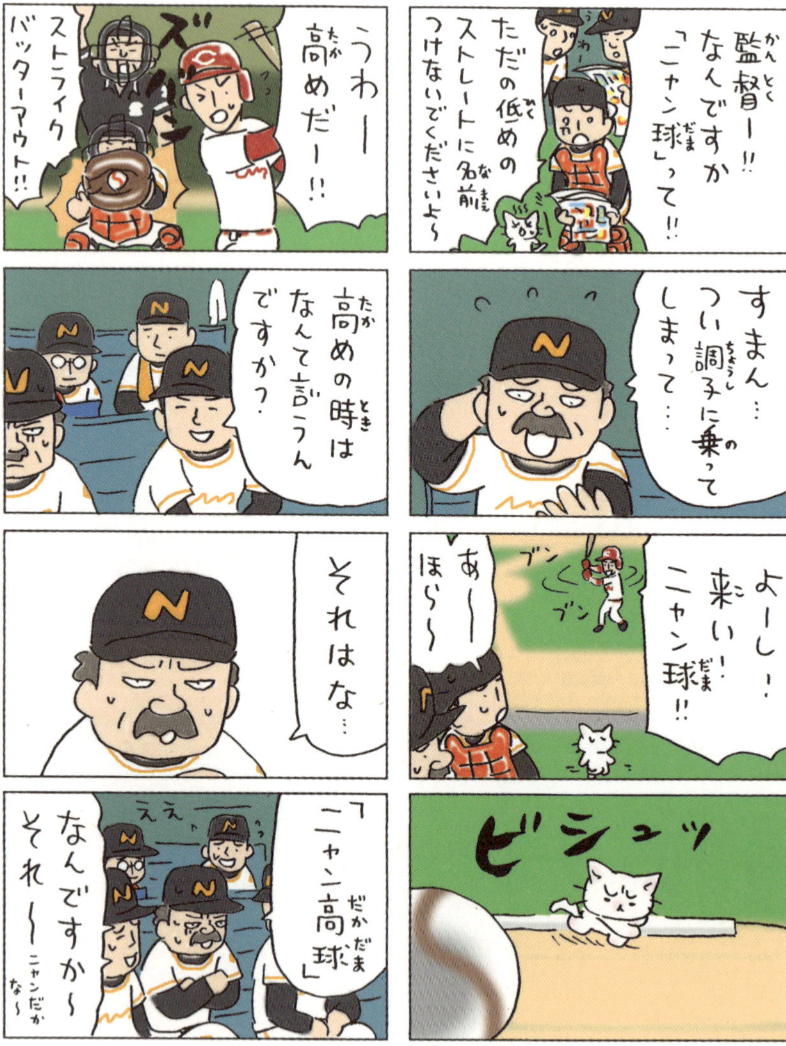
監督ー!!
なんですか
「ニャン球」って!!
ただの低めの
ストレートに名前
つけないでくださいよ～
すまん…
つい調子に乗って
しまって…
よーし!
来い!
ニャン球!!
あ〜
ほら〜
ブン
ブン
ビシュッ
うわー
高めだー!!
ズバーン
ストライク
バッターアウト!!
高めの時は
なんて言うん
ですか?
それはな…
「ニャン高球」
なんですか
それ〜
ニャンだかな〜
ええ

猫ピッチャー ⑭⑨の裏ばなし

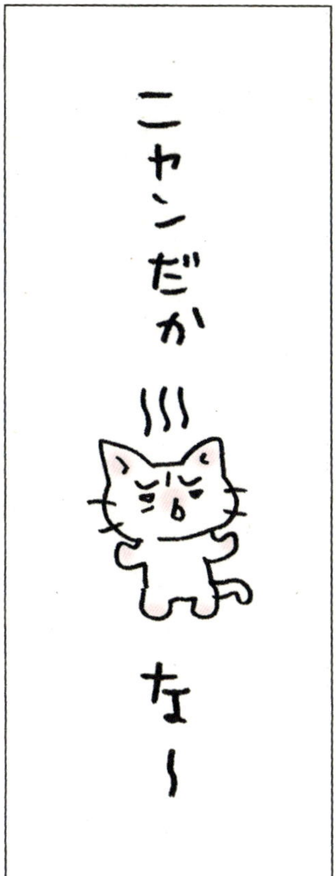

No. 150

150回かぁー

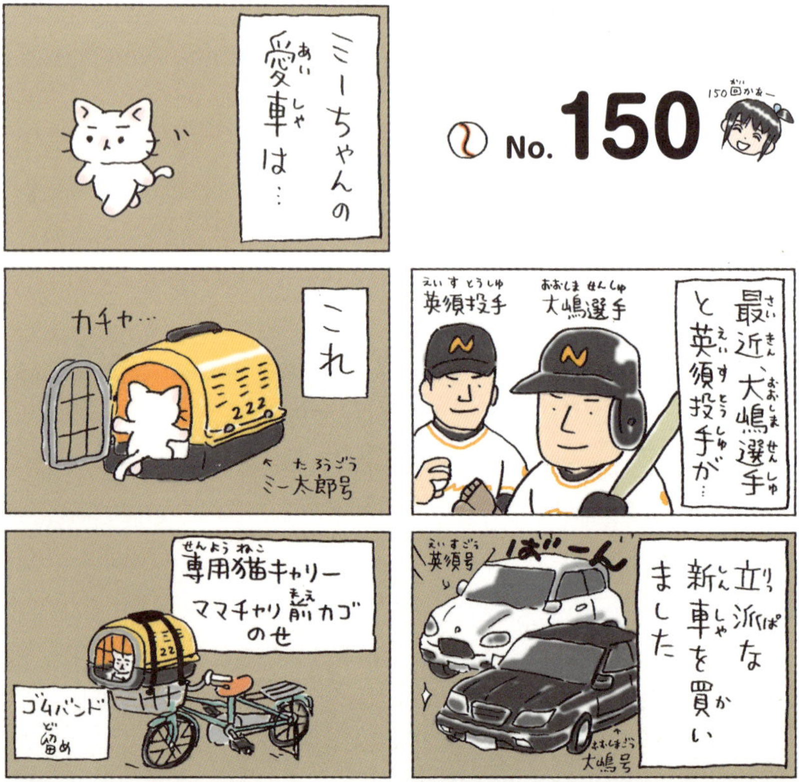

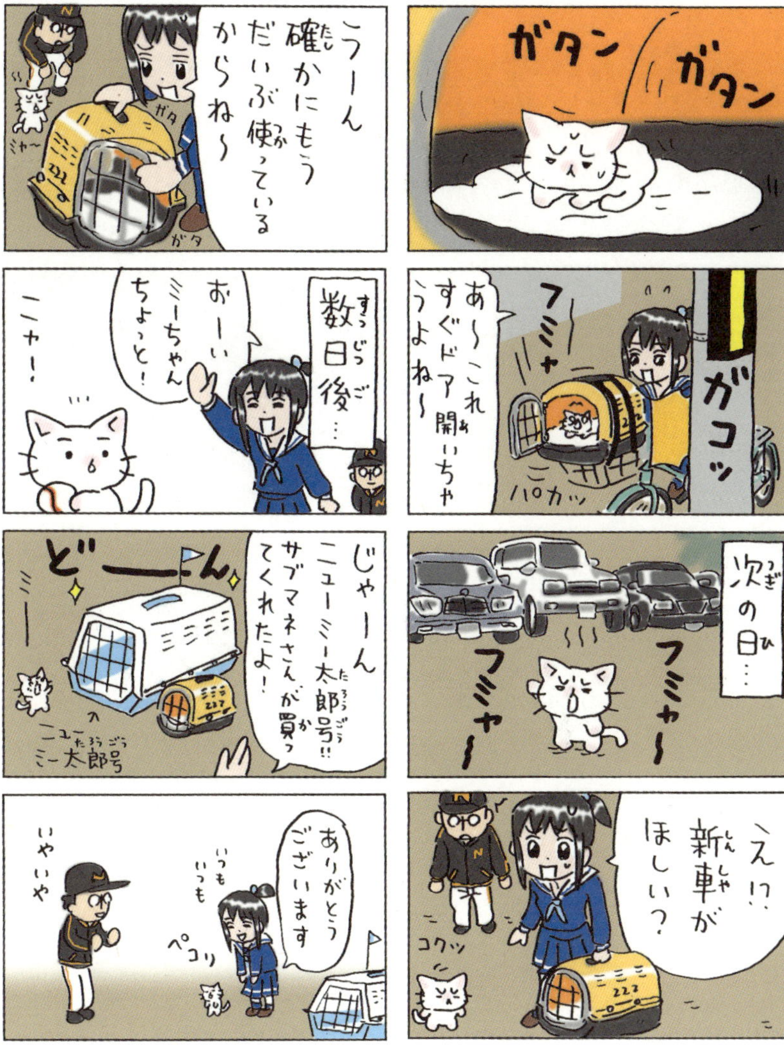
ガタン
ガタン
フミャ
あ〜これすぐドア開いちゃうよね〜
ガコッ
パカッ
次の日…
フミャ〜
フミャ〜
えっ!? 新車がほしい?
コクッ
うーん確かにもうだいぶ使っているからね〜
ガタ
ガタ
ミャ〜
数日後…
おーい ミーちゃんちょっと!
ニャ!
じゃーん ニューミー太郎号!! サブマネさんが買ってくれたよ!
どーーん
ミー
ニューミー太郎号
ありがとうございます
いつもいつも
ペコリ
いやいや

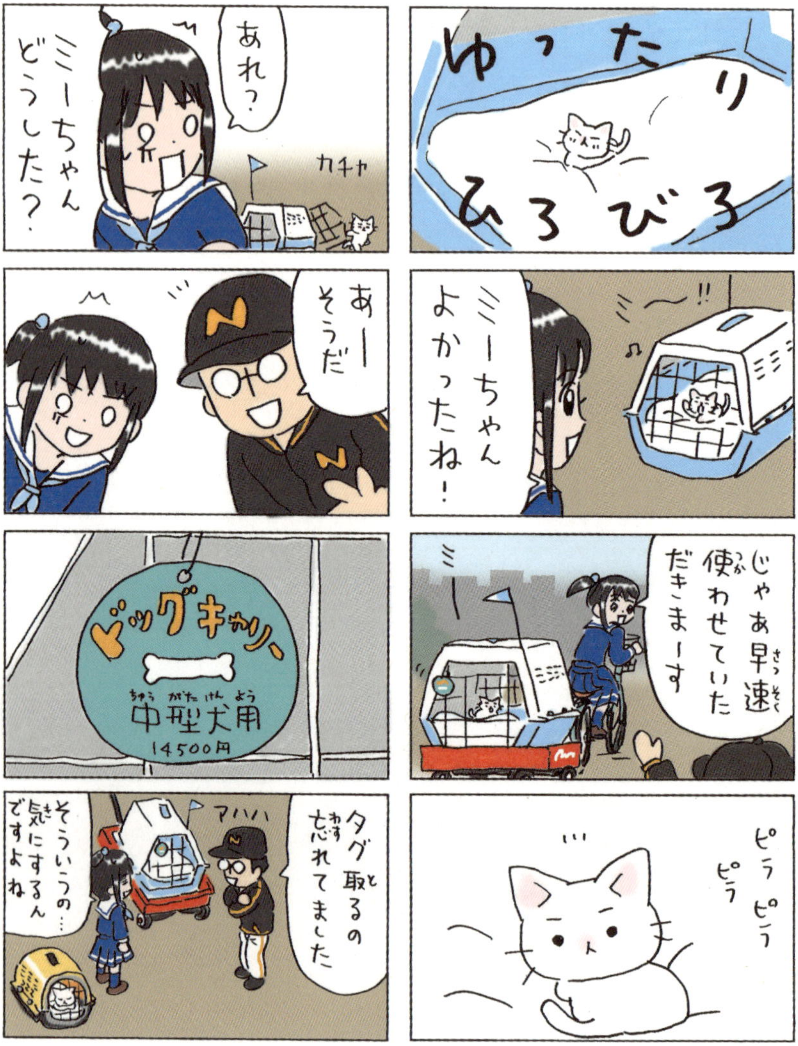
ゆったり
ひろびろ
ミ〜!!
ミーちゃんよかったね!
ミー
じゃあ早速(さっそく)使(つか)わせていただきまーす
ピラピラ
ピラピラ
カチャ
あれっ？
ミーちゃんどうした？
あーそうだ
ドッグキャリー
中型犬用(ちゅうがたけんよう)
14500円
アハハ
タグ取(と)るの忘(わす)れてました
そういうの…気(き)にするんですよね

猫ピッチャー ⑮⓪の裏ばなし

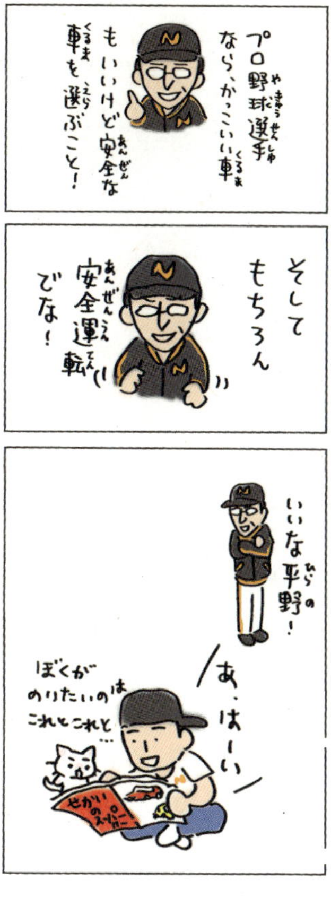

No. 151

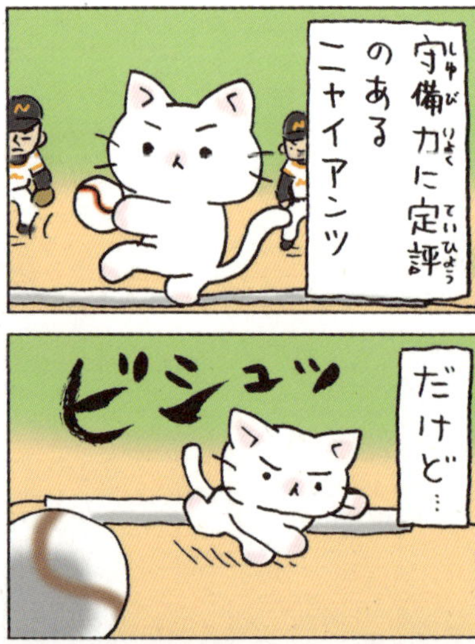
守備力に定評のあるニャイアンツ
だけど…
ビシュッ
カキーン

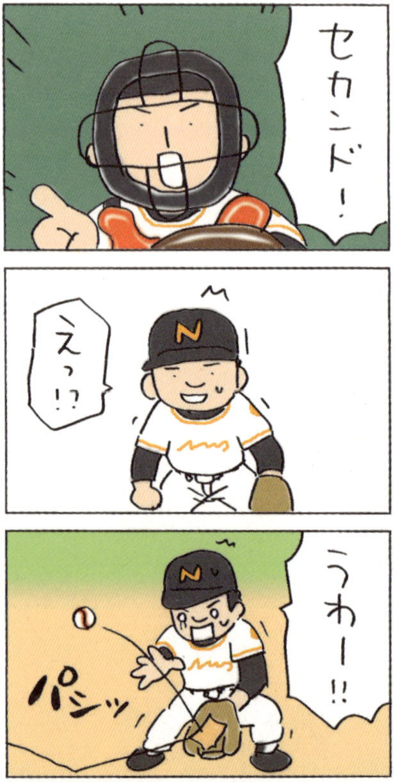
セカンド!
えっ!?
うわー!!
パシッ
ミーちゃんの登板日にはエラーが多発しちゃう
ごめ～ん
あー

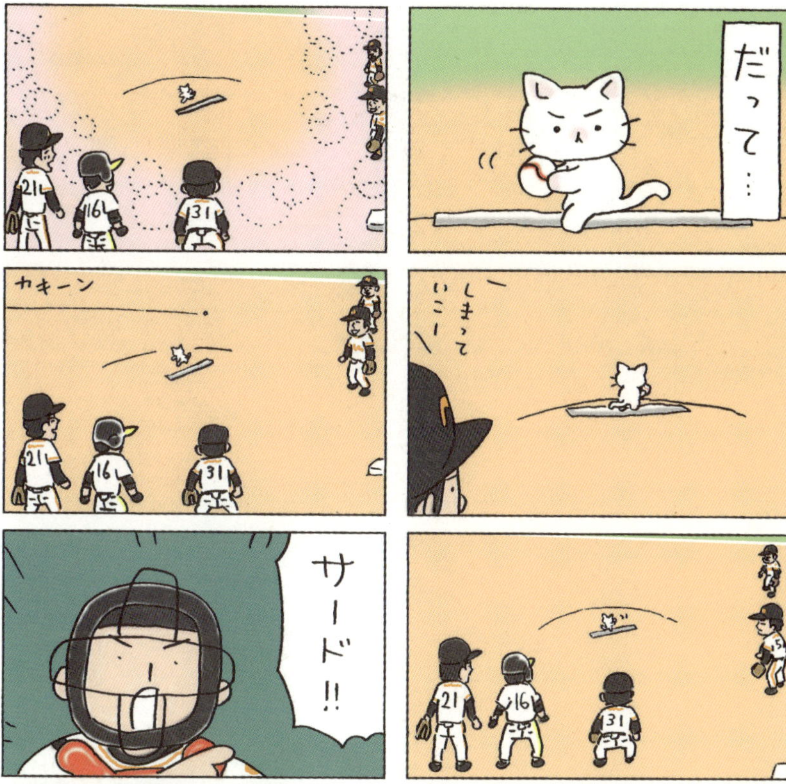
だって…
しまっていこー
ビシュッ
カキーン
サード!!
パシッ
うわっ!!

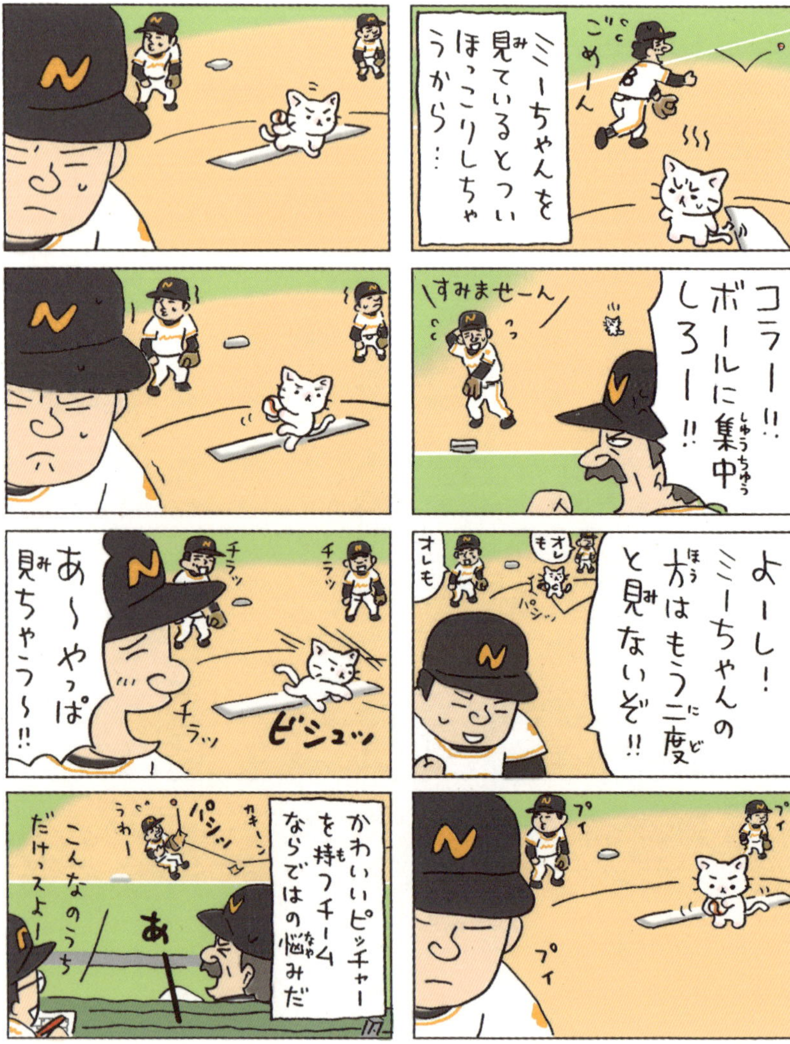
ミーちゃんを見ているとついほっこりしちゃうから…
ごめーん
すみませーん
コラー!!
ボールに集中しろー!!
よーし!
ミーちゃんの方はもう二度と見ないぞ!!
オレも
オレも
パシッ
プイ
プイ
プイ
チラッ
チラッ
チラッ
ビシュッ
あ〜やっぱ見ちゃう〜!!
カキーン
パシッ
うわー
かわいいピッチャーを持つチームならではの悩みだ
こんなのうちだけっスよー
あー

猫ピッチャー
151の
裏ばなし

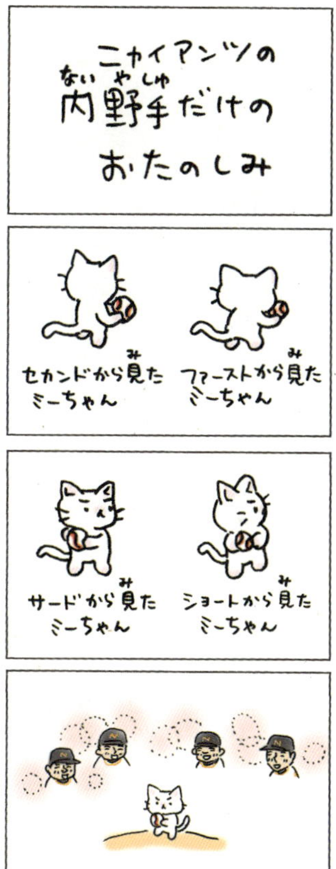

No. 152

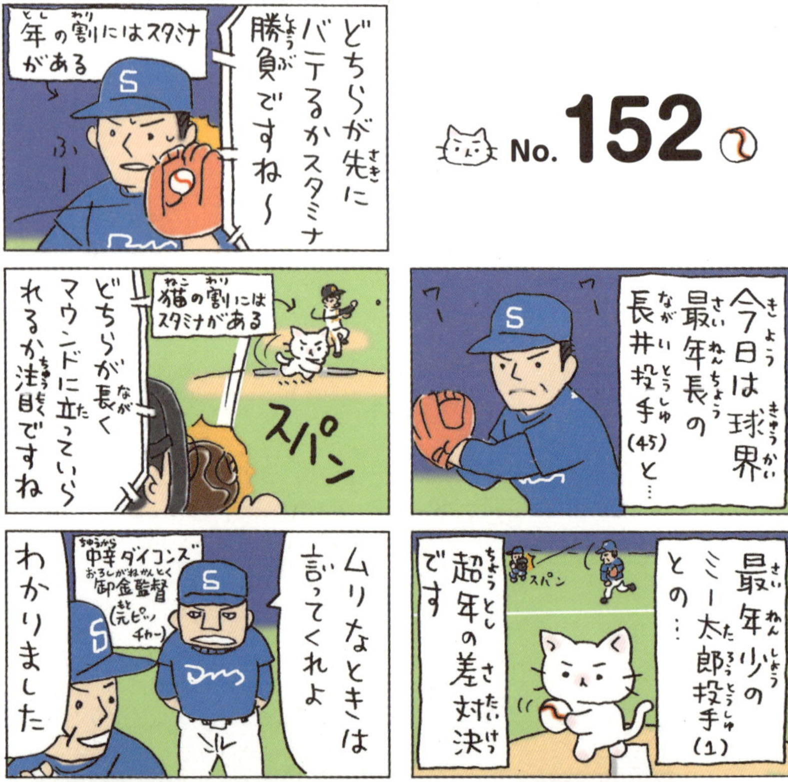
ワー
ワー
今日は球界最年長の長井投手(45)と…
最年少のミー太郎投手(1)との…
スパン
超年の差対決です
これは楽しみですねー
そうですねー
どちらが先にバテるかスタミナ勝負ですね～
年の割にはスタミナがある
ふーー
どちらが長くマウンドに立っていられるか注目ですね
猫の割にはスタミナがある
スパン
ムリなときは言ってくれよ
中辛ダイコンズ御金監督(元ピッチャー)
わかりました
ビシュッ

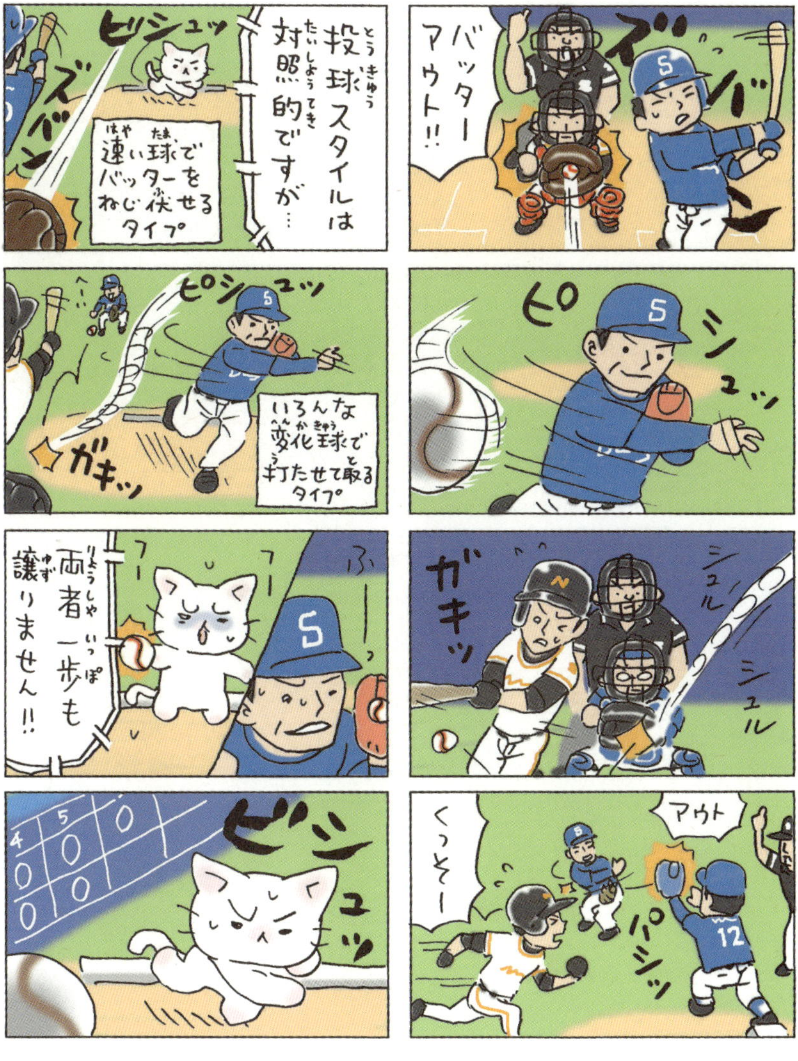

投球スタイルは対照的ですが…
ビシュッ
ズバン
速い球でバッターをねじ伏せるタイプ
バッターアウト!!
ズバッ
ピシュッ
ガキッ
いろんな変化球で打たせて取るタイプ
ピシュッ
両者一歩も譲りません!!
ふー
ガキッ
シュル
シュル
ビシュッ
くっそー
アウト
パシッ

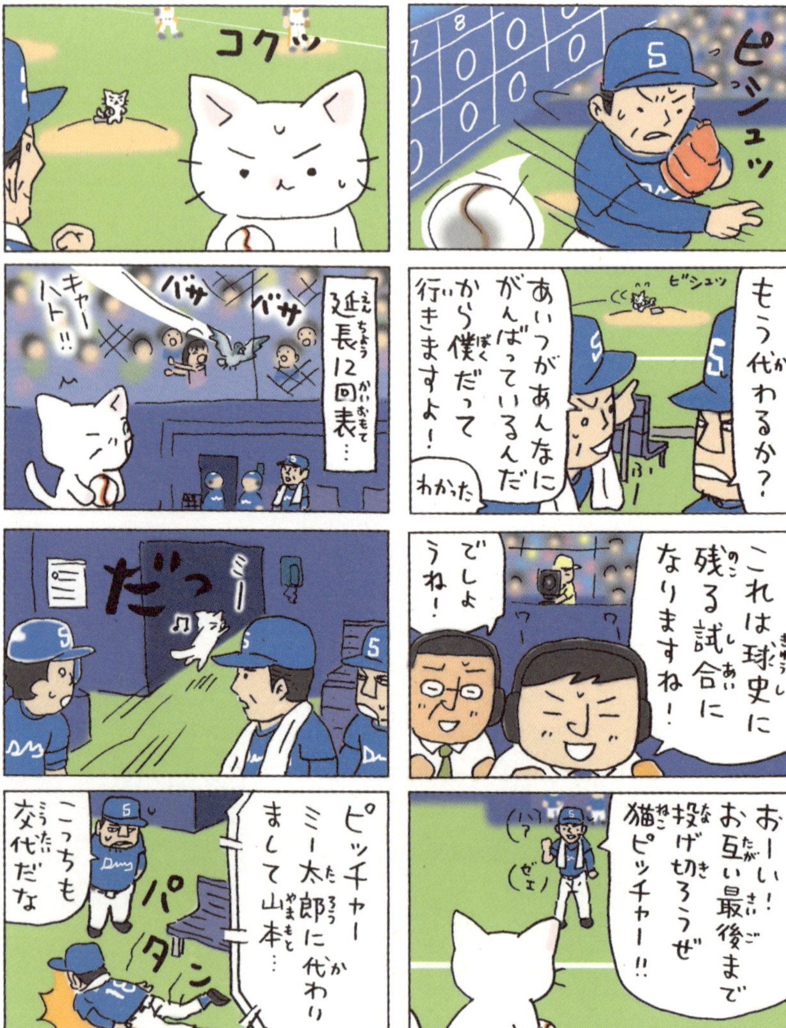
ピシュッ
もう代わるか？
あいつがあんなにがんばっているんだから僕だって行きますよ！
ビシュッ
わかった
ふー
これは球史に残る試合になりますね！
でしょうね！
ワー
ワー
おーい！お互い最後まで投げ切ろうぜ猫ピッチャー!!
ハァ
ゼェ
コクッ
延長12回表…
バサ
バサ
キャーハト!!
だっ
ミー
ピッチャーミー太郎に代わりまして山本…
こっちも交代だな
パタン

猫（ねこ）ピッチャー
152の
裏（うら）ばなし

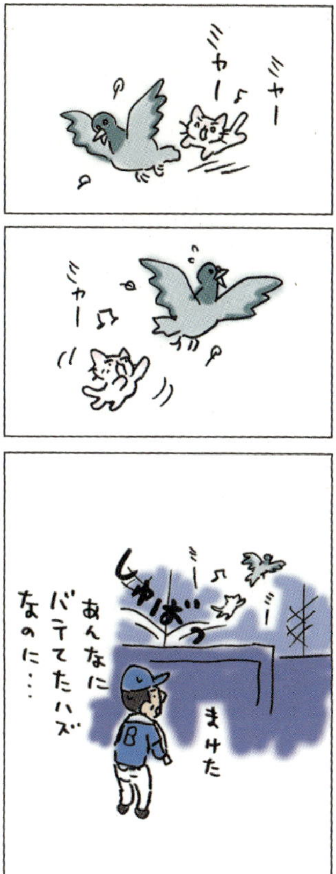

No. 153

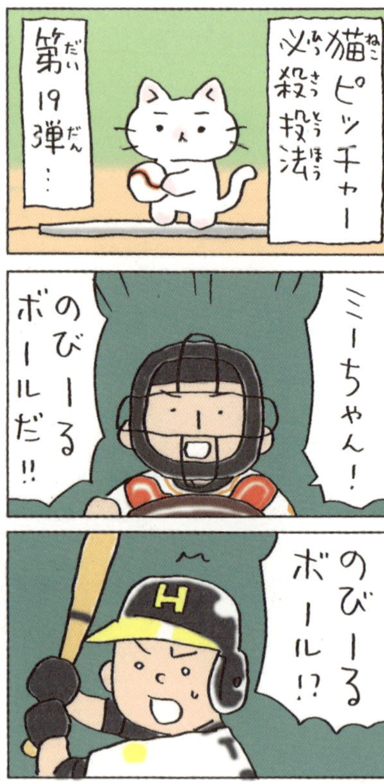
猫ピッチャー必殺投法
第19弾…
ミーちゃん！
のびーるボールだ!!
のびーるボール!?

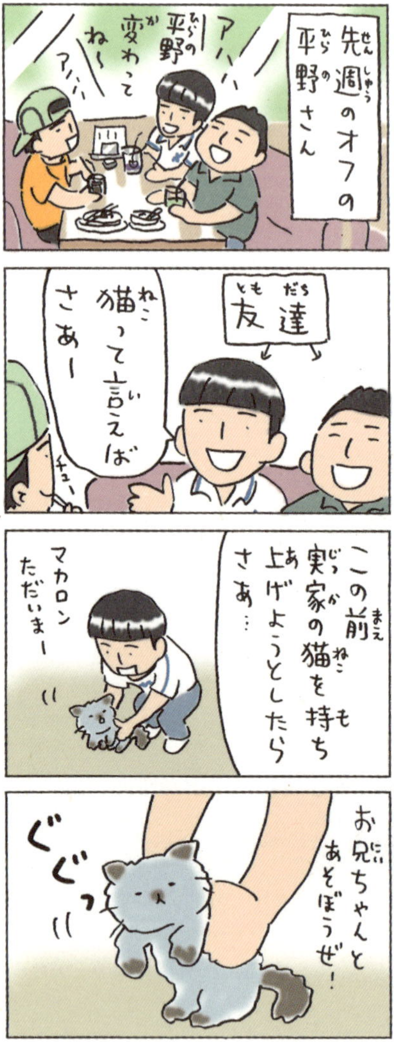
先週のオフの平野さん
アハハ
平野変わってねー
アハハ
友達
猫って言えばさあー
チュー
この前実家の猫を持ち上げようとしたらさあ…
マカロンただいまー
お兄ちゃんとあそぼうぜ！
ぐぐっ

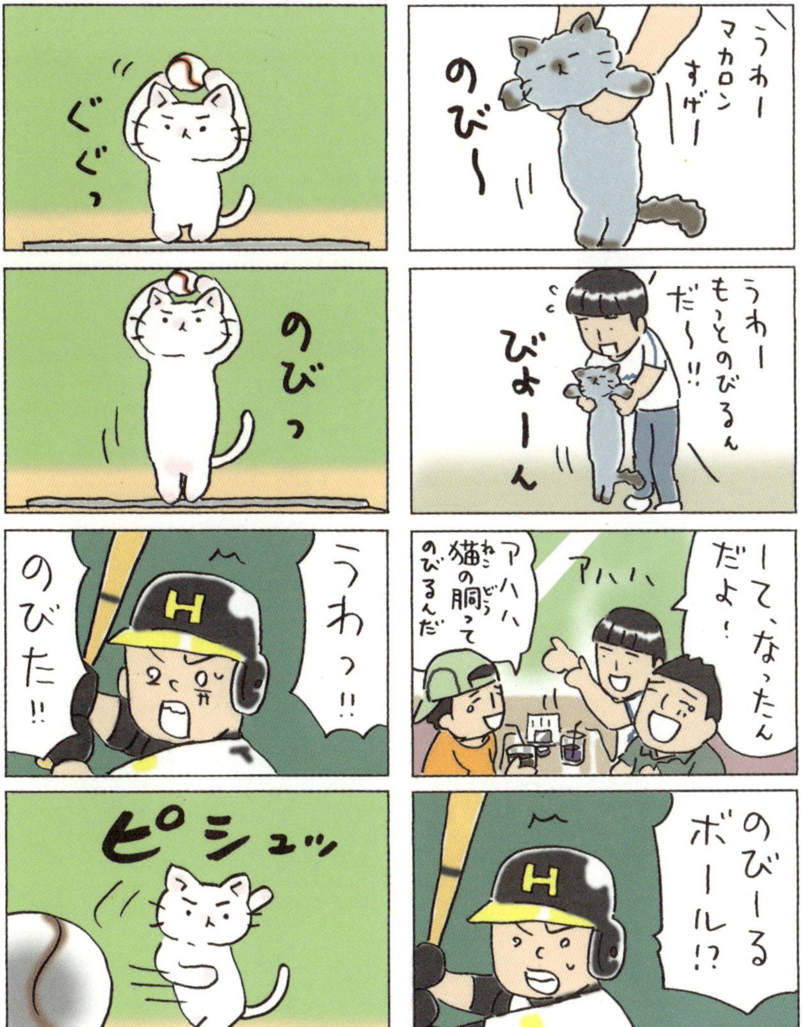
うわー
マカロン
すげー
のびー
うわー
もっとのびるんだー!!
びよーん
ーて、なったんだよ!
アハハ
アハハ
猫(ねこ)の胴(どう)って
のびるんだ
のびーる
ボール!?
ぐぐっ
のびっ
うわっ!!
のびた!!
ピシュッ

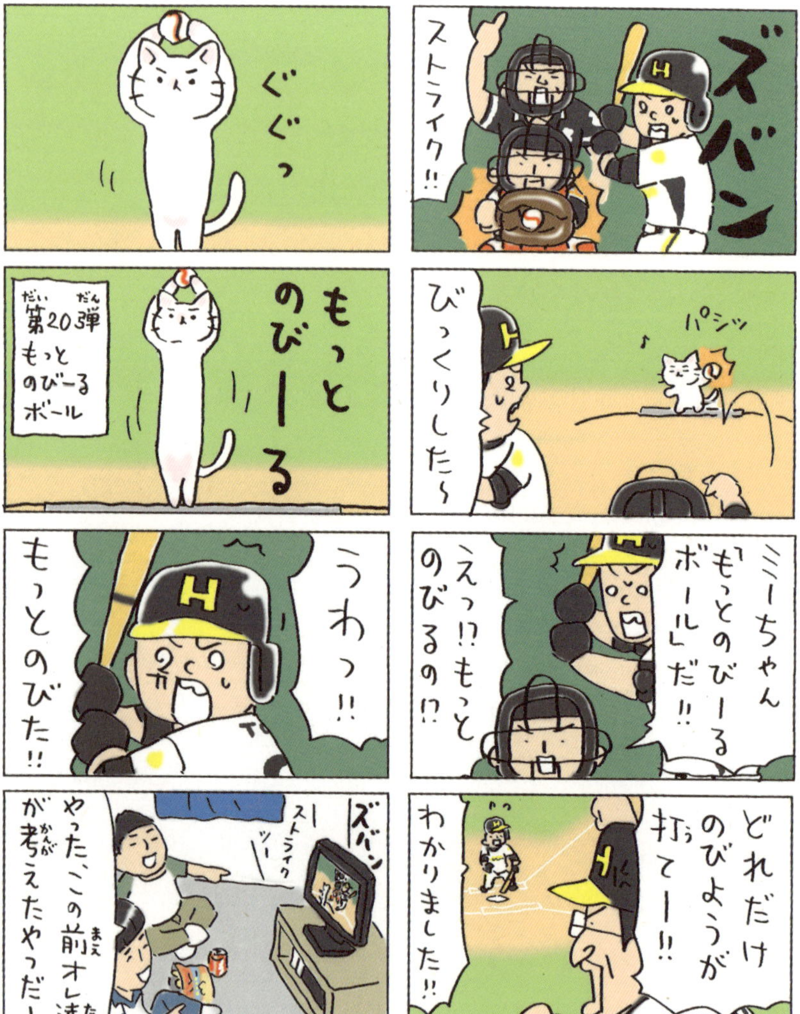
ズバン
ストライク!!
びっくりした〜
パシッ
ミーちゃん「もっとのびーるボール」だ!!
えっ!?もっとのびるの!?
どれだけのびようが打ってー!!
わかりました!!
ぐぐっ
第20弾 もっとのびーるボール
もっとのびーる
うわっ!!
もっとのびた!!
ズバン
ストライクツー
やった、この前オレ達が考えたやつだ!

猫ピッチャー 153の 裏ばなし

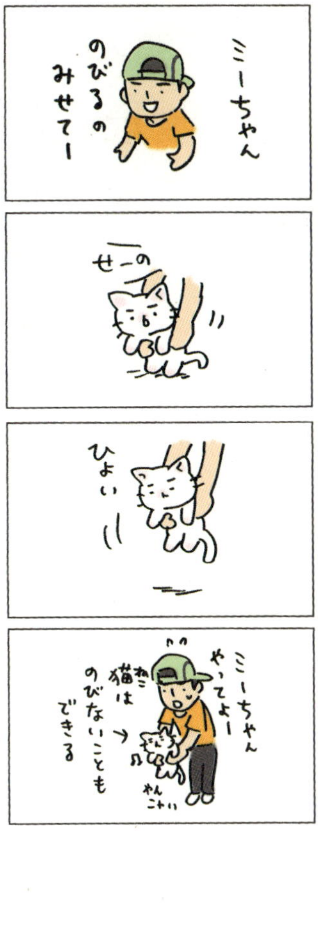

No. 154

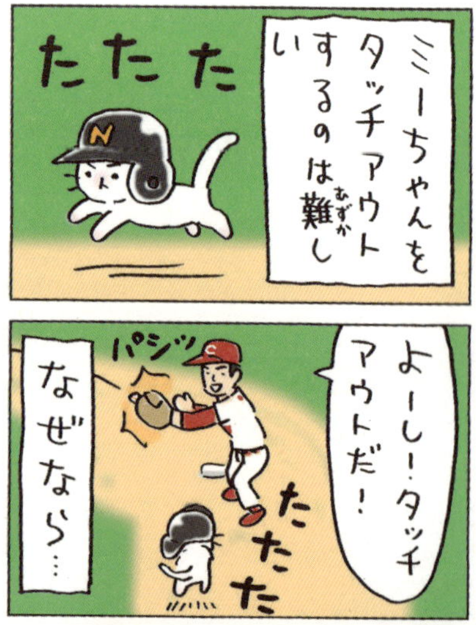
ミーちゃんを
タッチアウトするのは難しい
たたた
よーし！タッチアウトだ！
パシッ
たたた
なぜなら…
しゅるっ
うわっ!!

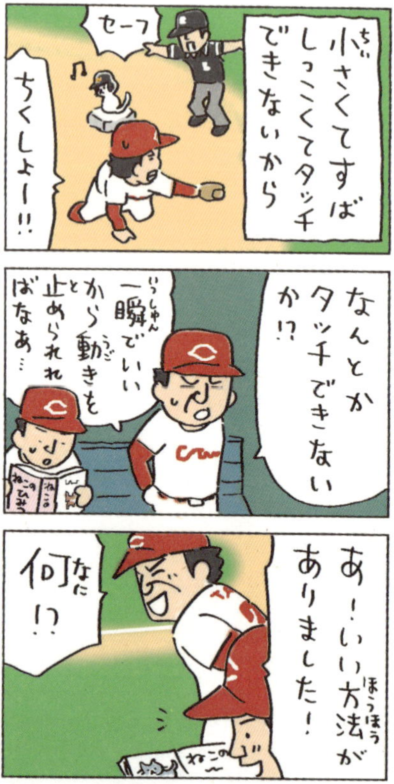
小さくてすばしっこくてタッチできないから
セーフ
ちくしょー!!
なんとかタッチできないか!?
一瞬でいいから動きを止められればなあ…
ねこのひみつ
あ！いい方法がありました！
何!?
ねこの
猫は見慣れない物を見るとびっくりして動きが止まるそうです
ピタッ
いつもの道に見慣れない物
この
ねこ
CATS

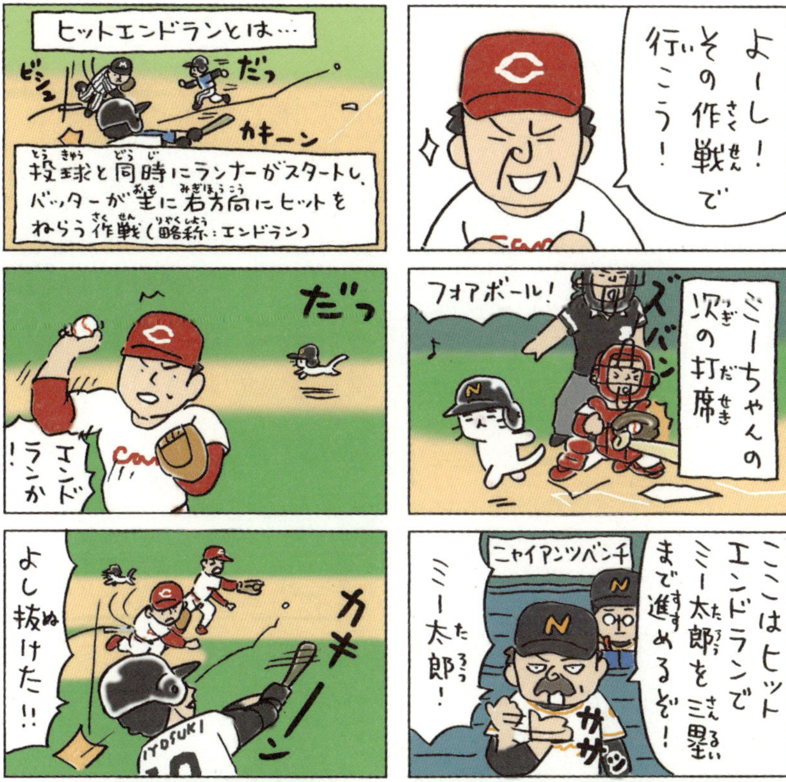

よーし！その作戦で行こう！
フォアボール！
ズバン
ミーちゃんの次の打席
ニャイアンツベンチ
ここはヒットエンドランでミー太郎を三塁まで進めるぞ！
ミー太郎！
サッ サッ
コクッ
ヒットエンドランとは…
ビシュ
だっ
カキーン
投球と同時にランナーがスタートし、バッターが主に右方向にヒットをねらう作戦（略称：エンドラン）
だっ
エンドランか！
カキーン！
よし抜けた!!
パシッ
とう！
しまった捕られた!!

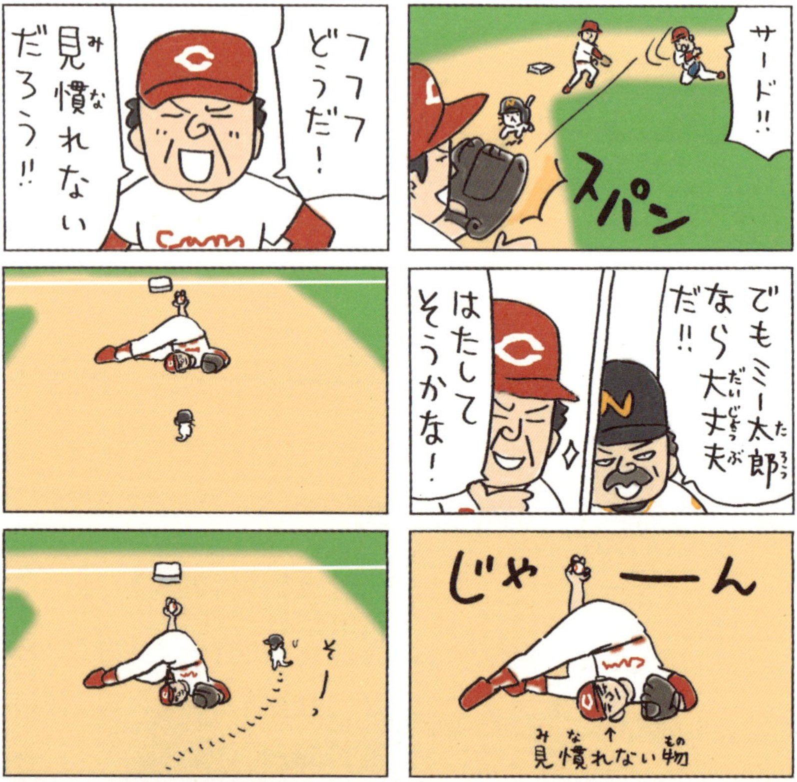

サード!!
スパン
でもミー太郎なら大丈夫だ!!
はたしてそうかな!
じゃーん
見慣れない物
ニャ!?
フフフどうだ!
見慣れないだろう!!
そーっ
セーフ
だめじゃーん!!
見慣れない物を回避できました

猫ピッチャー
15キの
裏ばなし

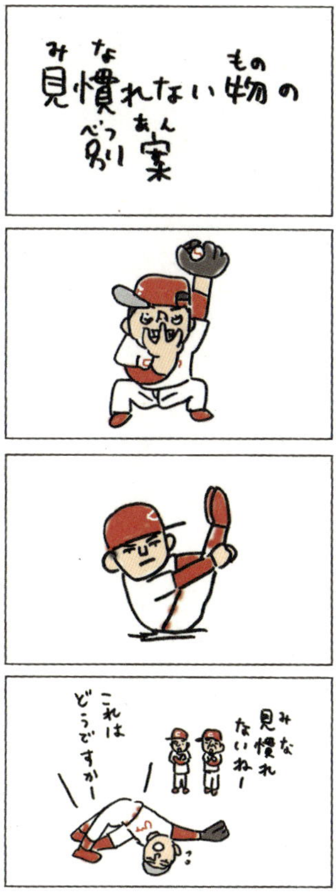

No. 155

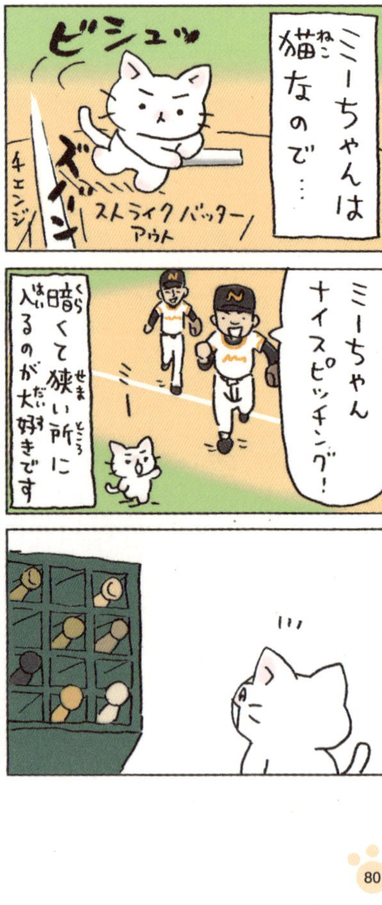

ミーちゃんは猫なので…
ビシュッ
ズバン
ストライクバッターアウト
チェンジ
ミーちゃんナイスピッチング!
暗くて狭い所に入るのが大好きです
ミー

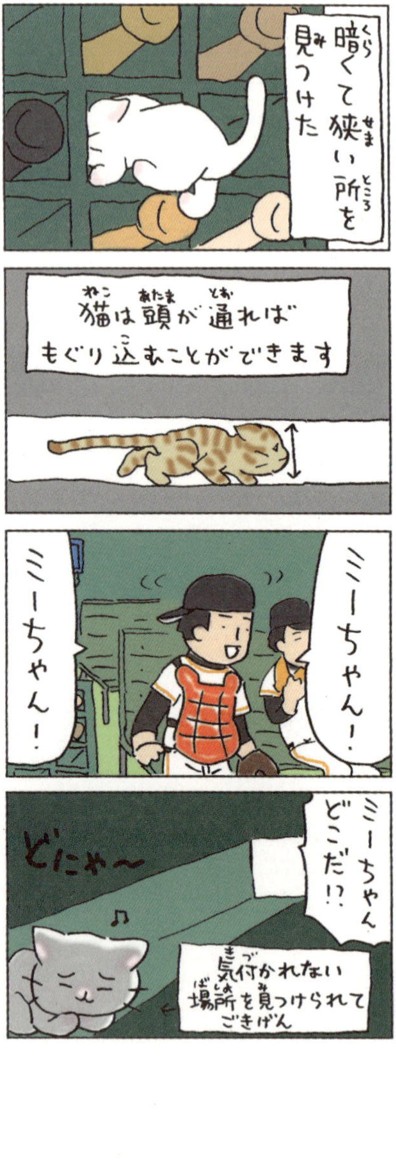

暗くて狭い所を見つけた
猫は頭が通ればもぐり込むことができます
ミーちゃん!
ミーちゃん!
ミーちゃんどこだ!?
どにゃ〜
気付かれない場所を見つけられてごきげん

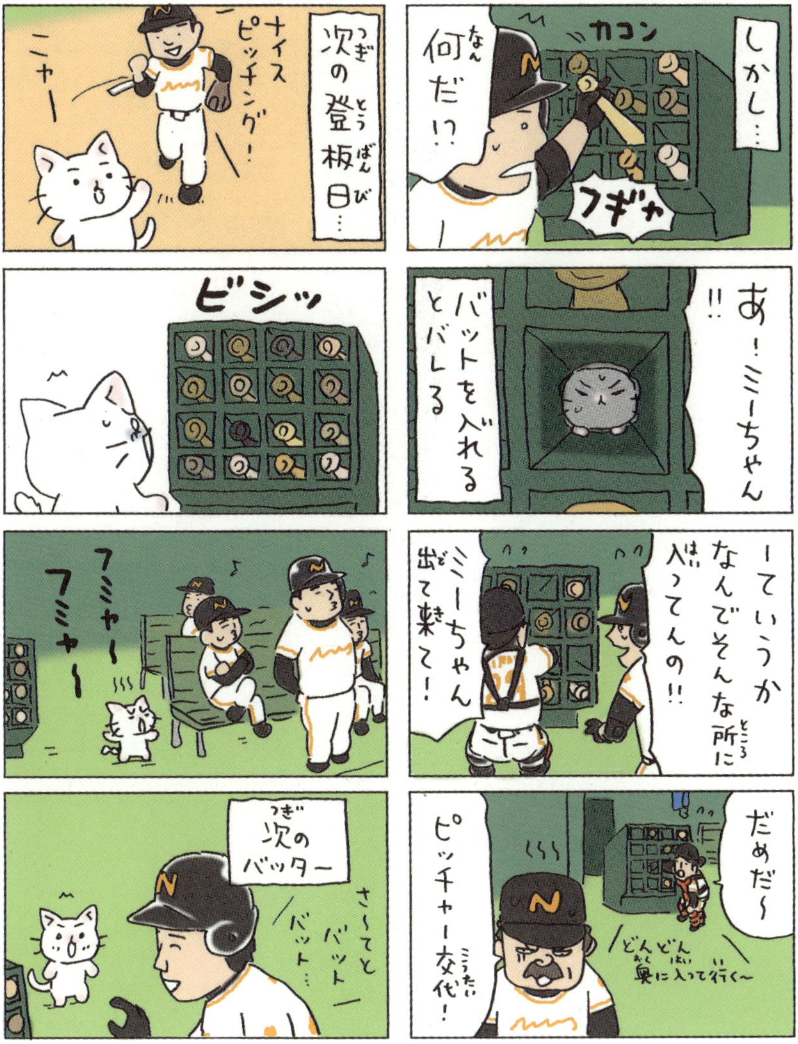
しかし…
カコン
何だ!?
フギャ
あ!ミーちゃん!!
バットを入れるとバレる
ーていうか なんでそんな所に入ってんの!!
ミーちゃん出て来て!
だめだ〜
どんどん奥に入って行く〜
ピッチャー交代!
次の登板日…
ナイスピッチング!
ニャー
ビシッ
フミャ〜
フミャ〜
次のバッター
さ〜てと バット バット…

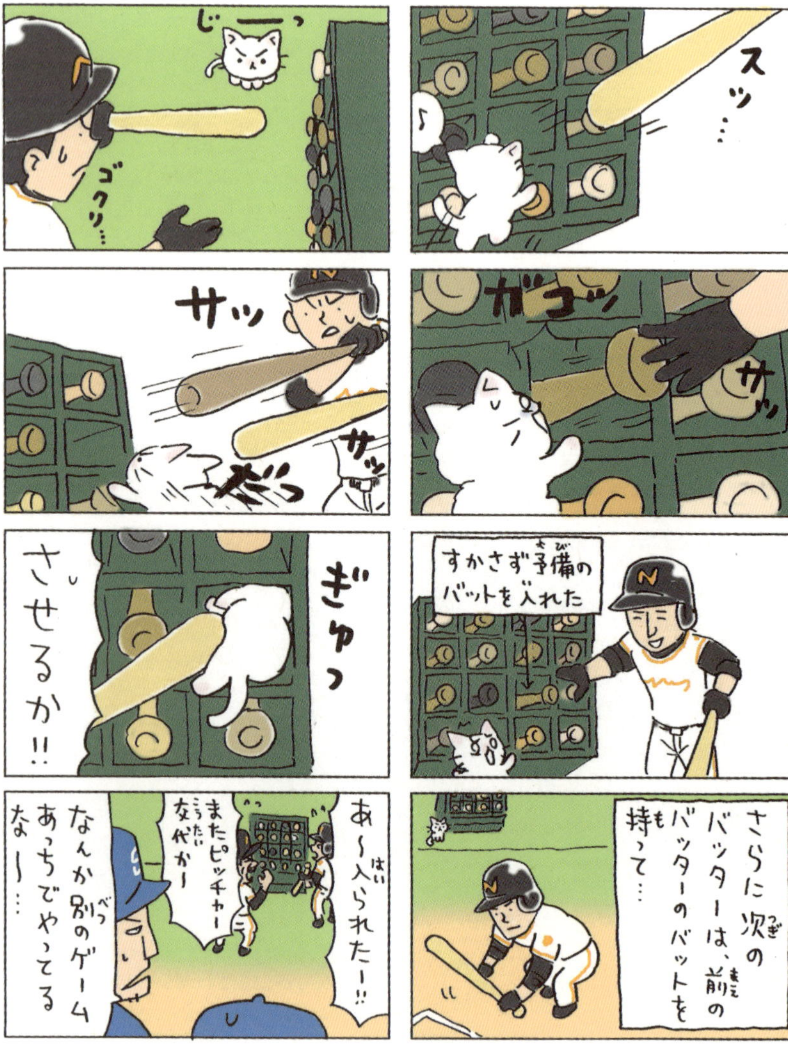
じーっ
ゴクリ…
スッ…
サッ
ダッ
サッ
ガコッ
サッ
ぎゅっ
させるか!!
すかさず予備のバットを入れた
あ~入られた~!!
またピッチャー交代か~
なんか別のゲームあっちでやってるな~…
さらに次のバッターは、前のバットを持って…

猫(ねこ)ピッチャー
155の
裏(うら)ばなし

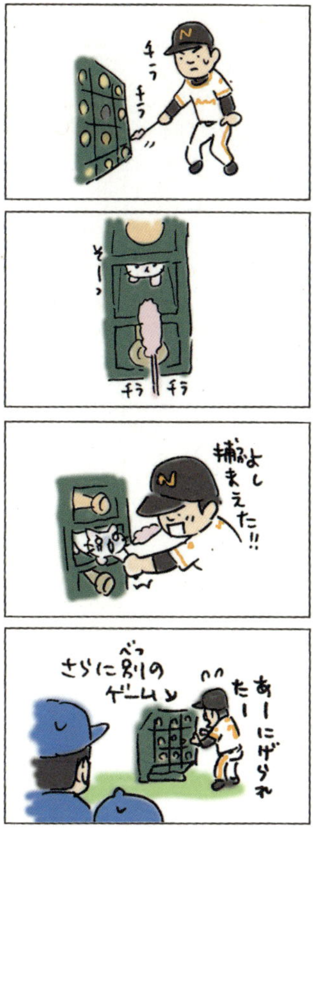

No. 156

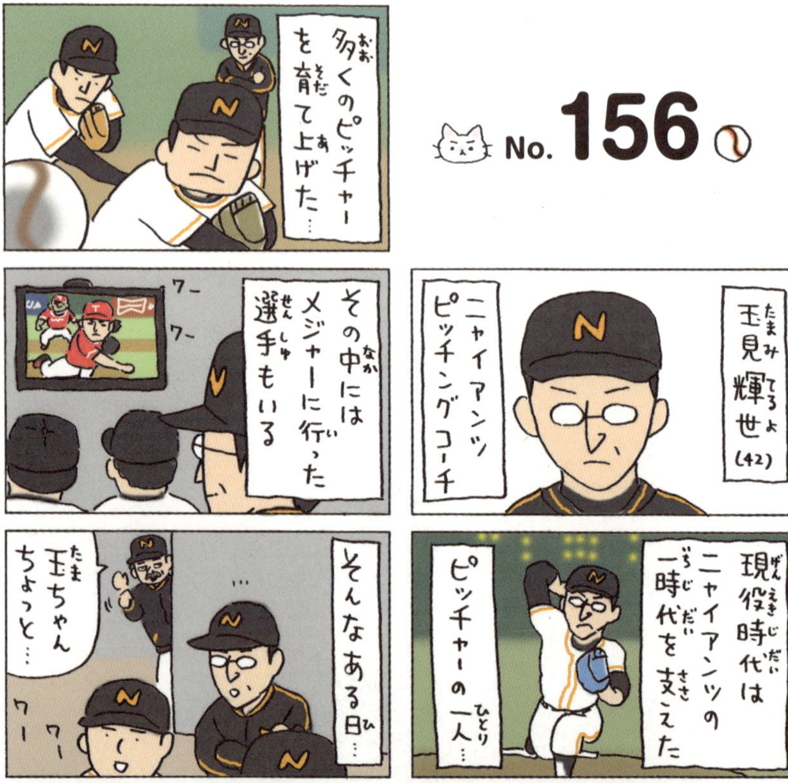

ニャイアンツ
ピッチングコーチ
玉見輝世(42)
現役時代はニャイアンツの一時代を支えた
ピッチャーの一人…
引退後は指導者の道を選び…
多くのピッチャーを育て上げた…
その中にはメジャーに行った選手もいる
ワー
ワー
そんなある日…
…
玉ちゃんちょっと…
ワー
ワー
じゃーん

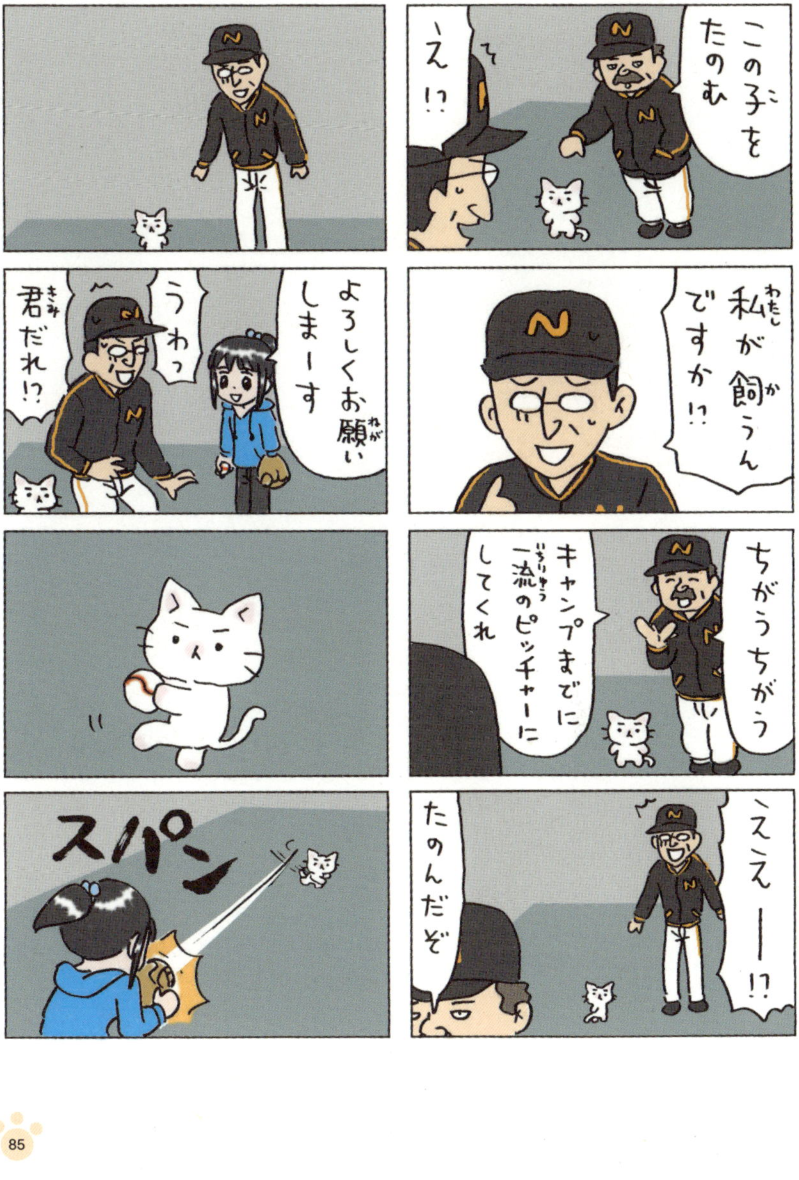

この子をたのむ
え!?
私が飼うんですか!?
ちがうちがう
キャンプまでに一流のピッチャーにしてくれ
ええー!?
たのんだぞ
よろしくお願いしまーす
うわっ
君だれ!?
スパン

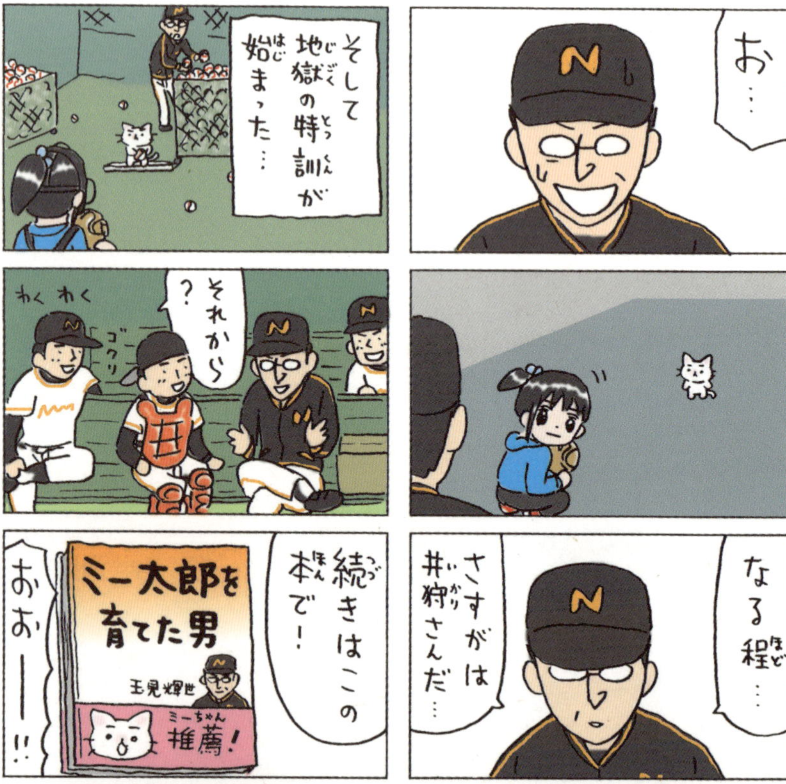
お…
なる程…
さすがは井狩さんだ…
一流のピッチャーにしてあげるよ
やったー!!
ニャーン
そして地獄の特訓が始まった…
わくわく
ゴクリ
それから?
続きはこの本で!
ミー太郎を育てた男
ミーちゃん推薦!
おおーー!!
はいどうぞ
ぼくも
ぼくもくださーい
いつの間に…

猫ピッチャー 156の 裏ばなし

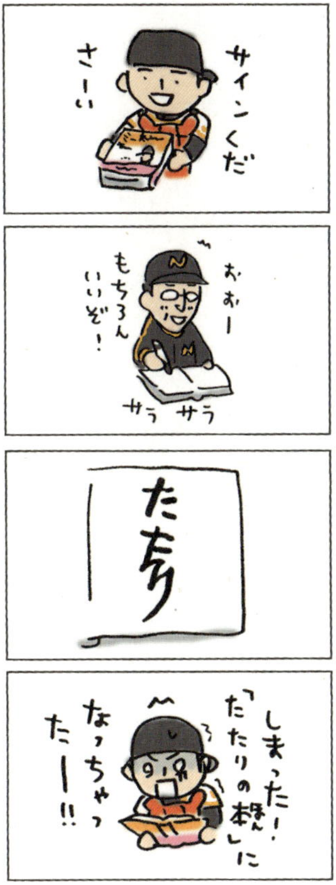

No.157

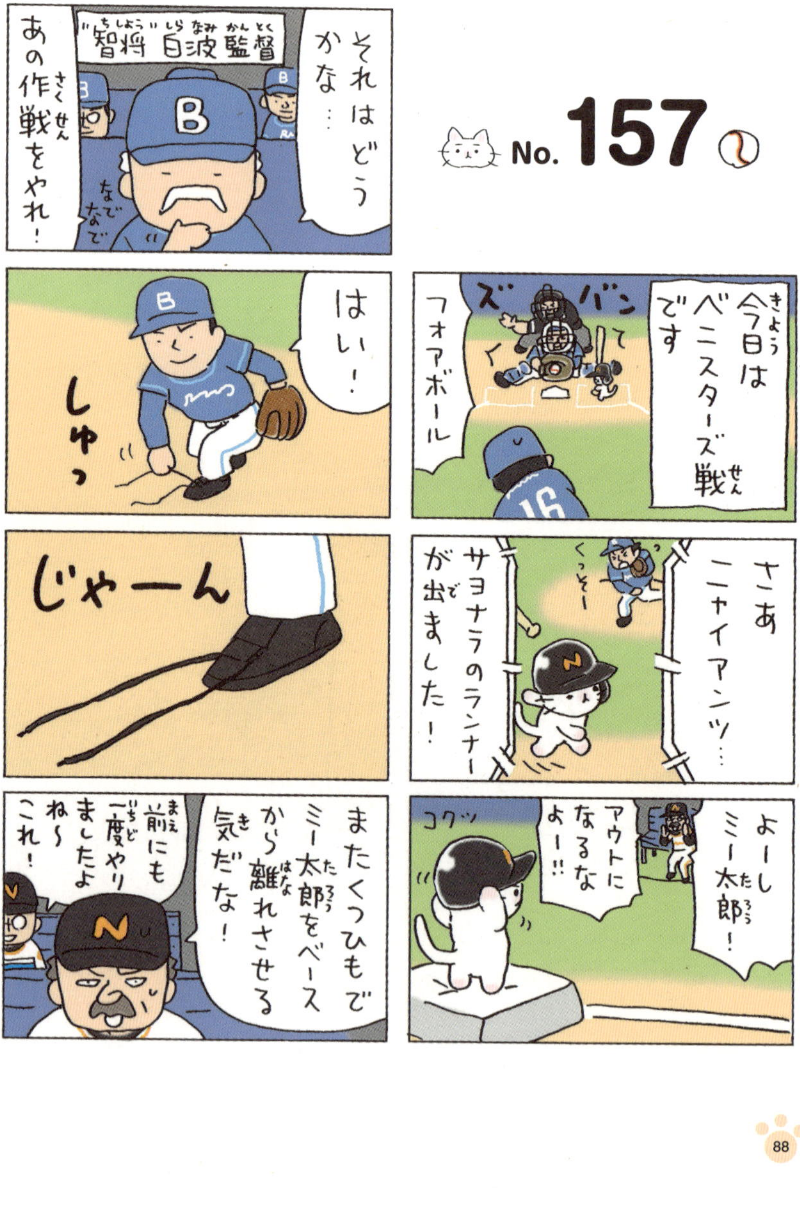

今日はベニスターズ戦です
ズバンッ
フォアボール
さあニャイアンツ…
サヨナラのランナーが出ました！
くっそー
よーしミー太郎！
アウトにならなよー!!
コクッ
智将 白波監督
それはどうかな…
あの作戦をやれ！
なでなで
はい！
しゅっ
じゃーん
またくつひもでミー太郎をベースから離れさせる気だな！
前にも一度やりましたよね〜これ！

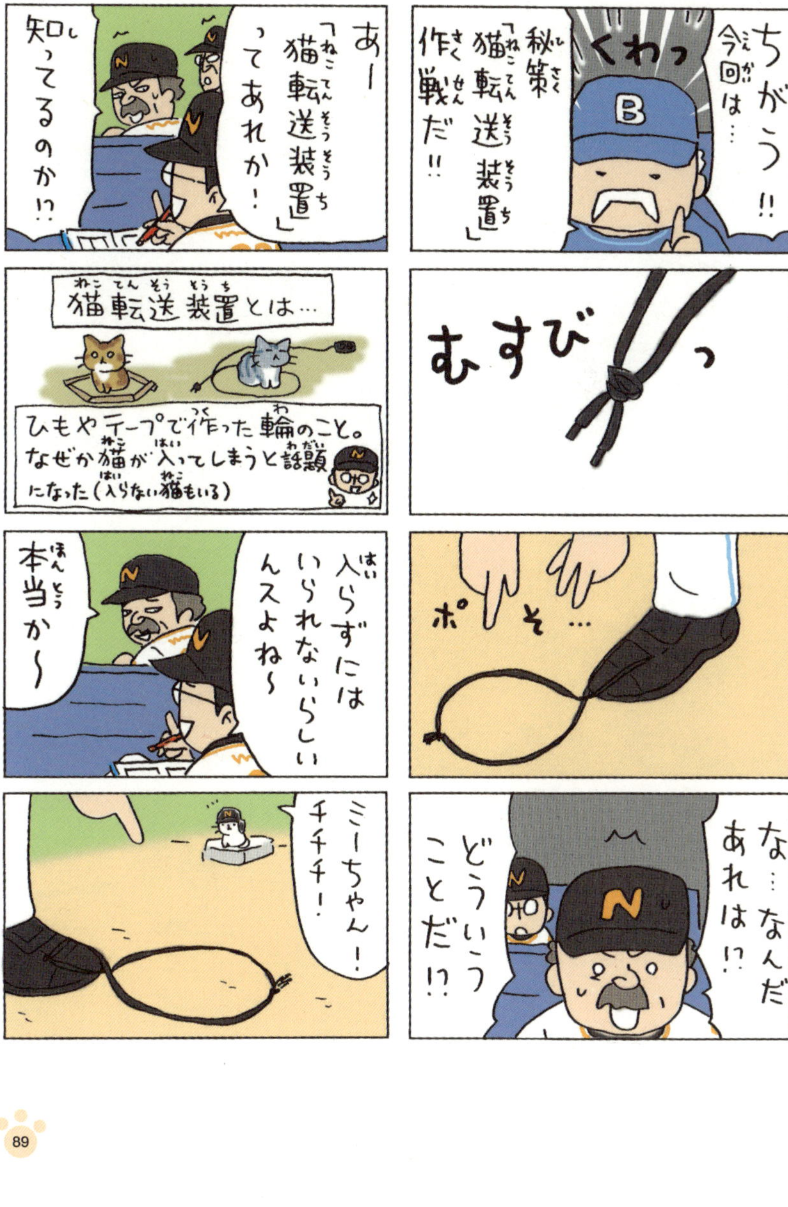
ちがう!!
今回は…
くわっ
秘策「猫転送装置」作戦だ!!
むすびっ
ポそ…
な…なんだあれは!?
どういうことだ!?
あー「猫転送装置」ってあれか!
知ってるのか!?
猫転送装置とは…
ひもやテープで作った輪のこと。なぜか猫が入ってしまうと話題になった(入らない猫もいる)
入らずにはいられないらしいんスよね~
本当か~
ミーちゃん!チチチ!

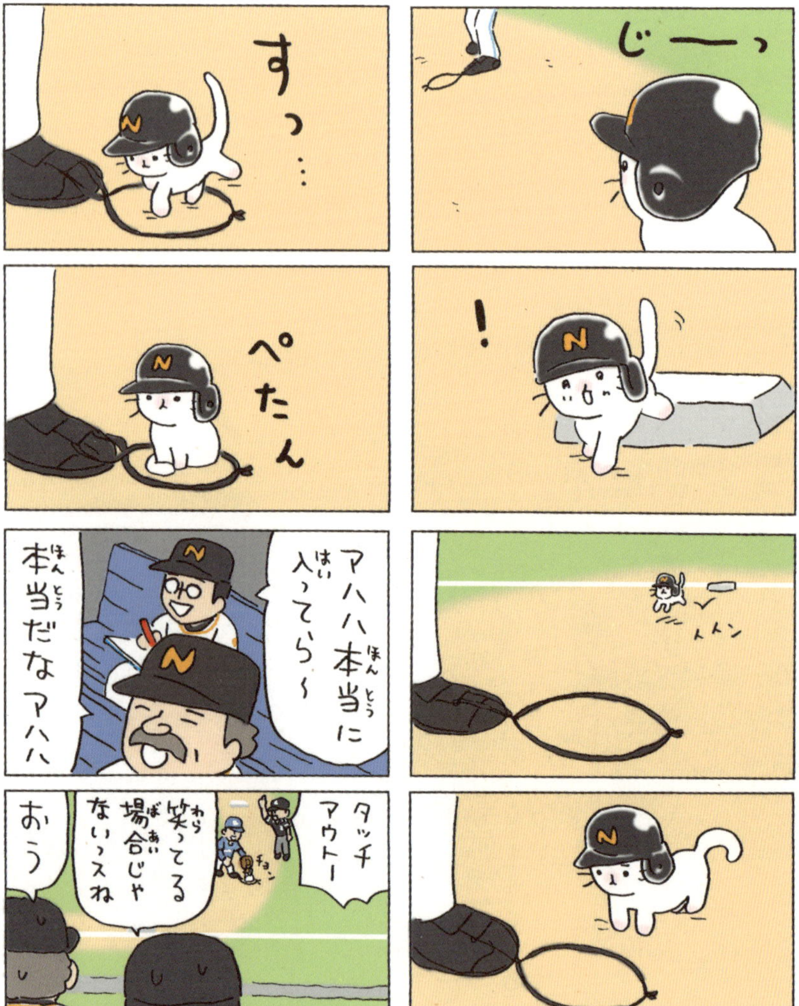
じーっ
!
トトン
すっ…
ぺたん
アハハ本当(ほんとう)に入(はい)ってら～
本当(ほんとう)だなアハハ
タッチアウトー
チョン
笑(わら)ってる場合(ばあい)じゃないっスね
おう

猫ピッチャー

157の

裏ばなし

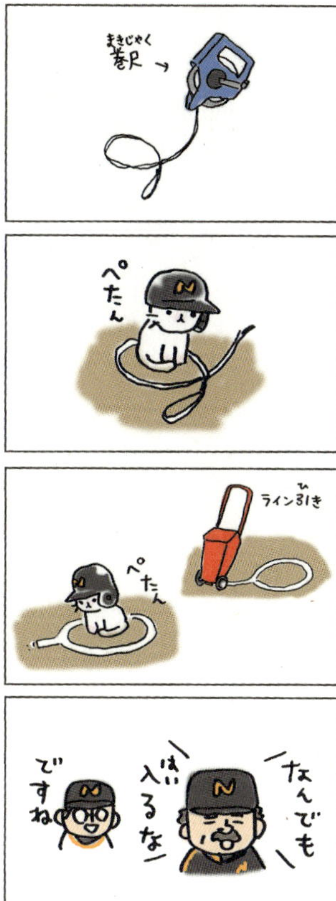

No. 158

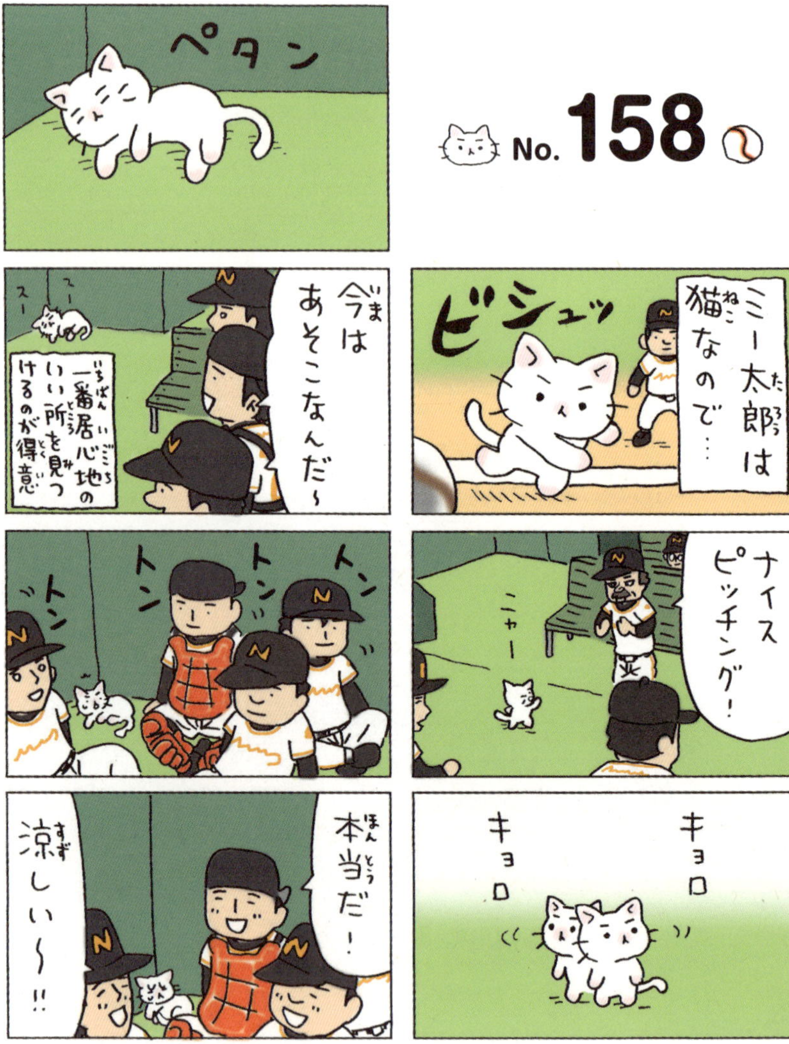
ミー太郎は猫なので…
ビシュッ
ナイスピッチング！
ニャー
キョロ
キョロ
ペタン
スー
スー
今はあそこなんだ～
一番居心地のいい所を見つけるのが得意
トン
トン
トン
トン
本当だ！
涼しい～!!

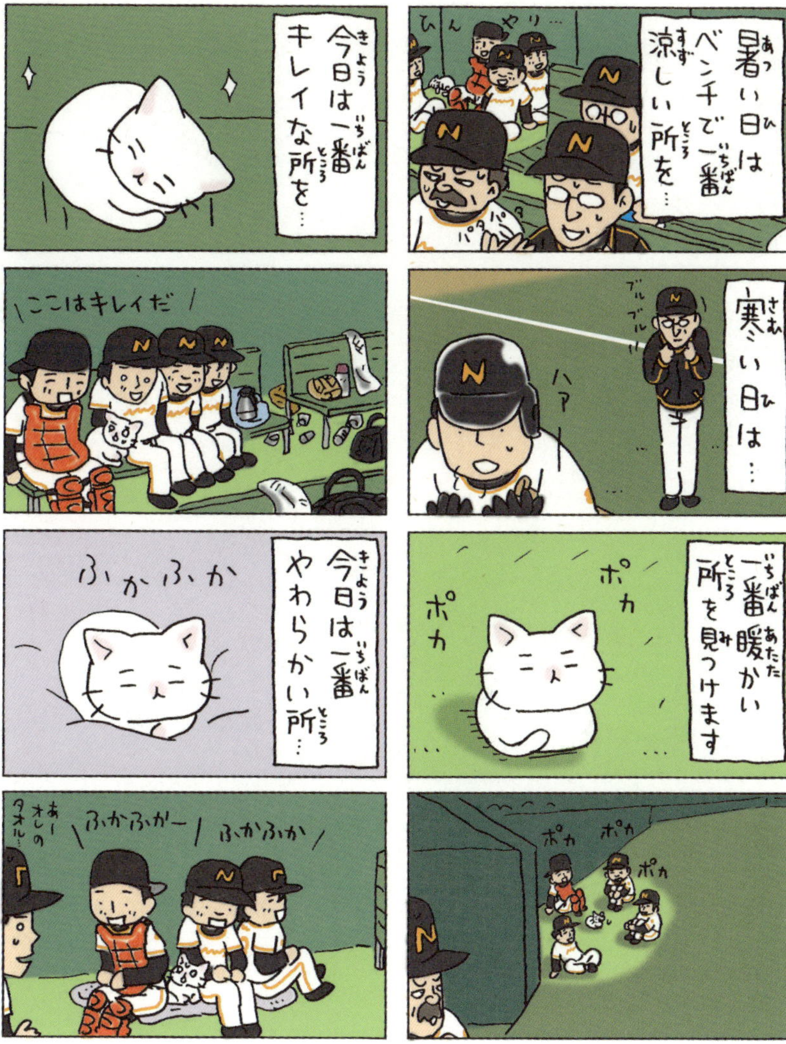
暑い日はベンチで一番涼しい所を…
ひんやり…
パタパタ
寒い日は…
ブルブル
ハァ
一番暖かい所を見つけます
ポカ
ポカ
ポカ
ポカ
ポカ
今日は一番キレイな所を…
ここはキレイだ
今日は一番やわらかい所…
ふかふか
あーオレのタオル…
ふかふかー
ふかふか

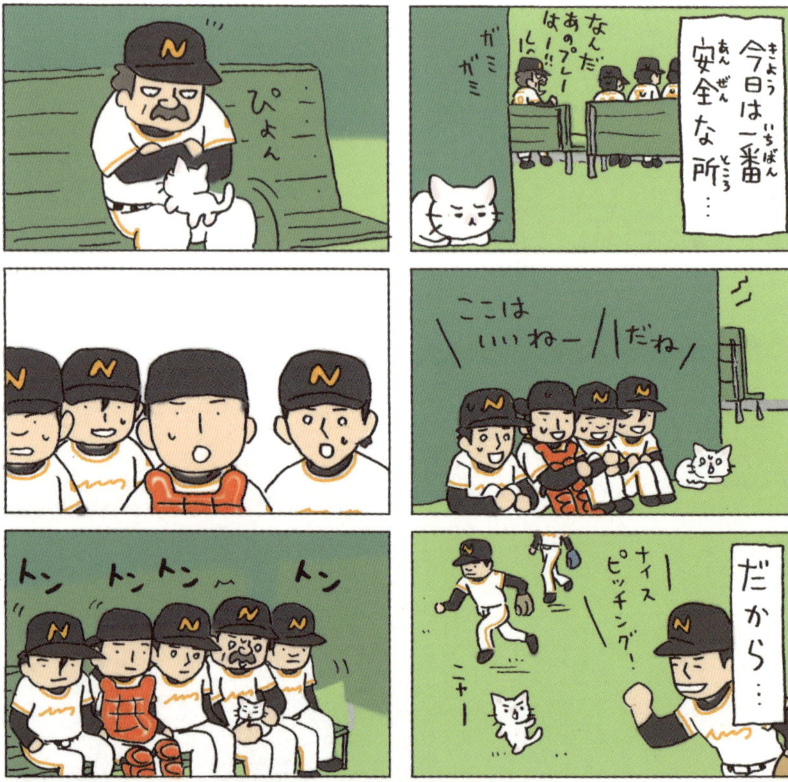
今日は一番安全な所…
なんだあのプレーは〜!!
ガミガミ
ここはいいねー
だね
だから…
ナイスピッチング!
ニャー
キョロ
キョロ
ぴょん
トン
トントン〜
トン
今日はここなんだ!
なんだお前ら!?
ゴロ
ゴロ
ゴロ
ミー太郎について行けば間違いない!

猫ピッチャー 158の 裏ばなし

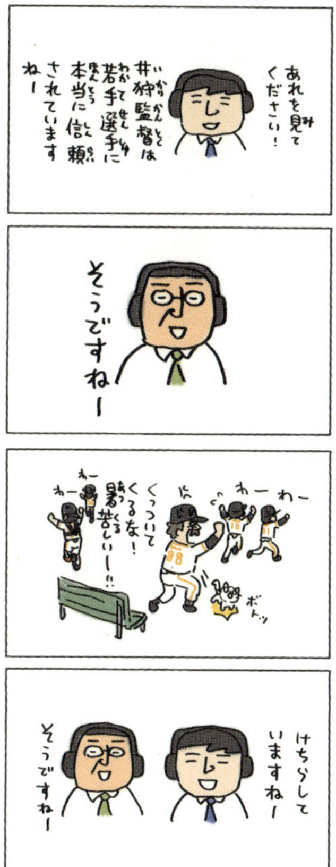

No. 159

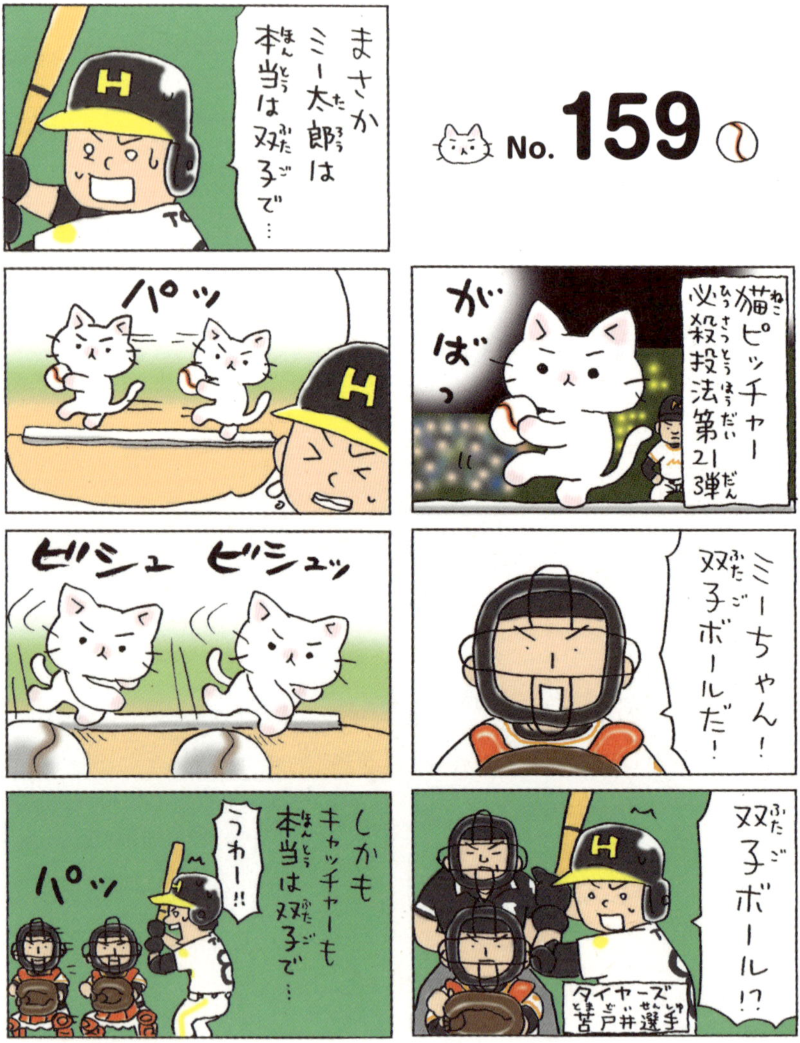

がばっ
猫ピッチャー必殺投法第21弾
ミーちゃん！双子ボールだ！
双子ボール!?
タイヤーズ苫戸井選手
まさかミー太郎は本当は双子で…
パッ
ビシュ　ビシュッ
しかもキャッチャーも本当は双子で…
うわー!!
パッ

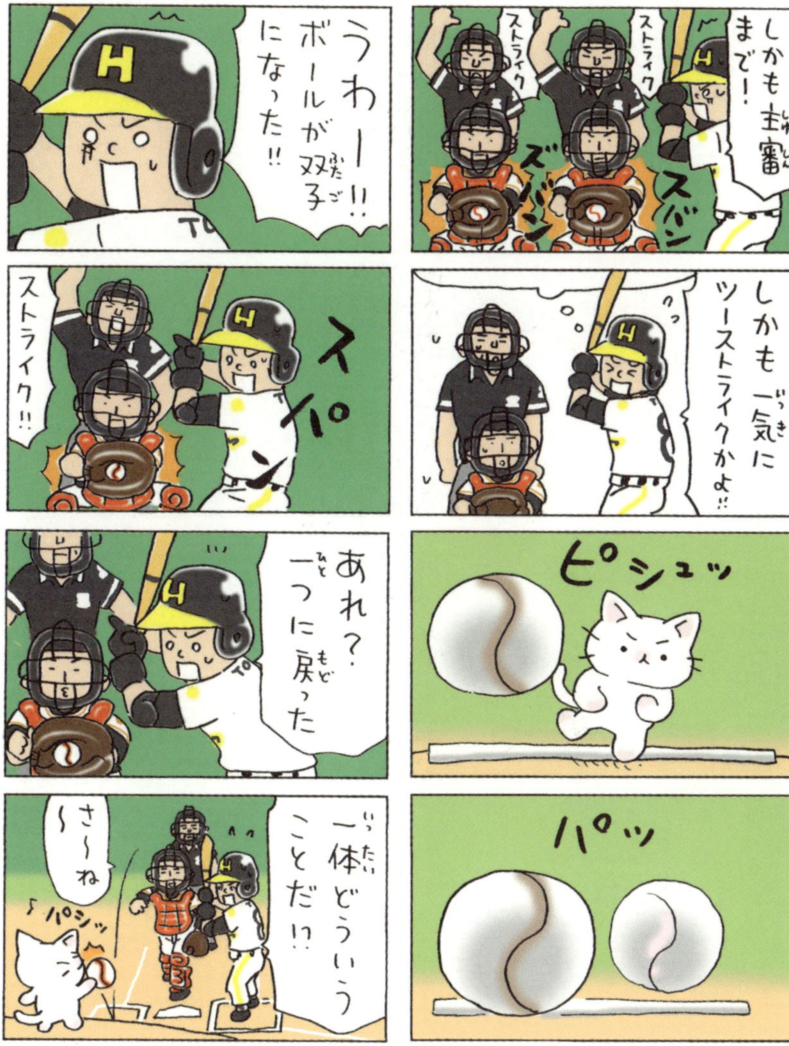

しかも主審まで！
ストライク
ストライク
ズバン
ズバン
しかもツーストライク一気にかよ!!
ピシュッ
パッ
うわー!!ボールが双子になった!!
ストライク!!
スパン
あれ？一つに戻った
一体どういうことだ!?
さ〜ね〜
パシッ

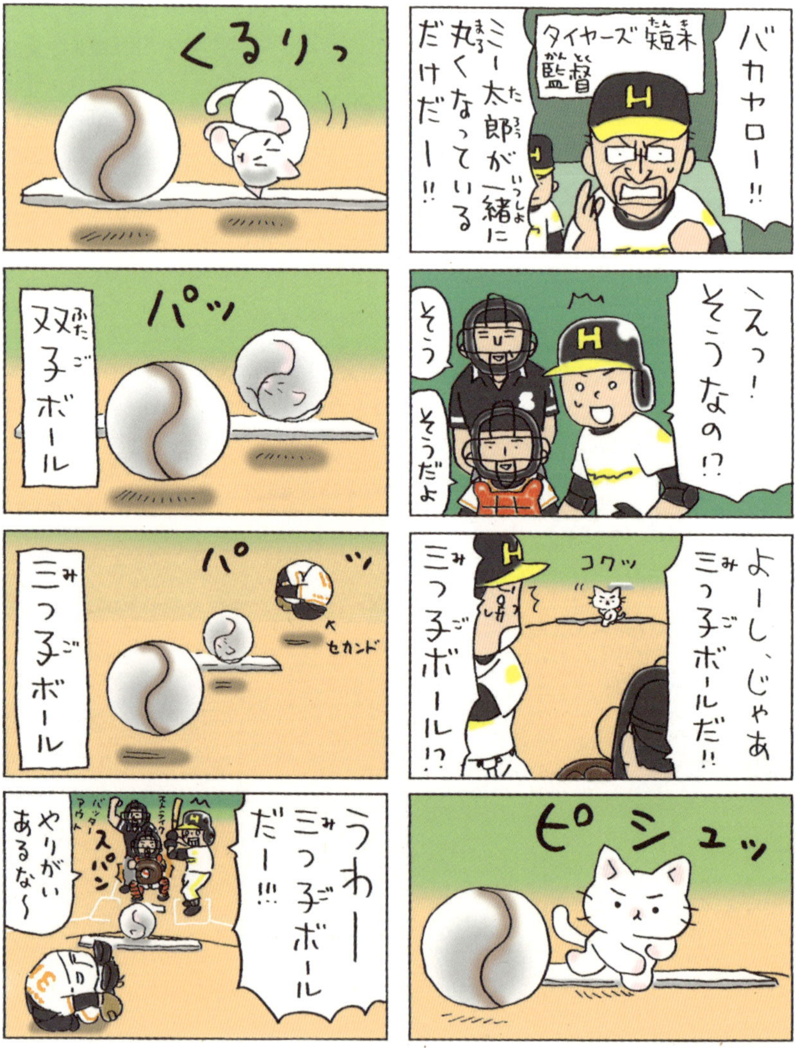
バカヤロー!!
タイヤーズ 短気監督
ミー太郎が一緒に丸くなっているだけだー!!
くるりっ
えっ! そうなの!?
そう
そうだよ
パッ
双子ボール
よーし、じゃあ三つ子ボールだ!!
コクッ
三つ子ボール!?
パッ
セカンド
三つ子ボール
ピシュッ
うわー 三つ子ボールだー!!!
ストライク
バッターアウト
スパン
やりがいあるな〜

猫ピッチャー ⑮⑨の裏ばなし

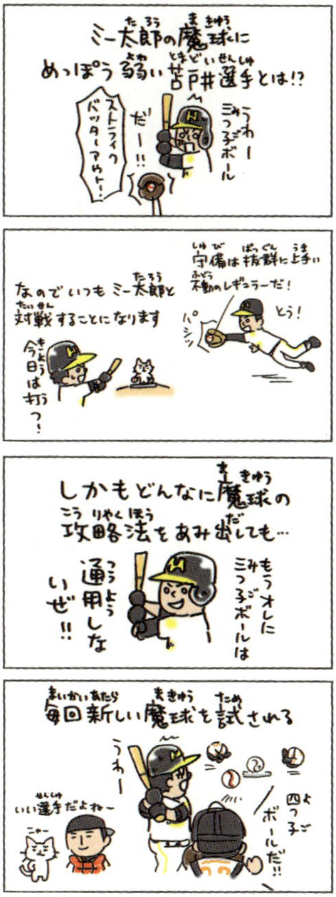

No. 160

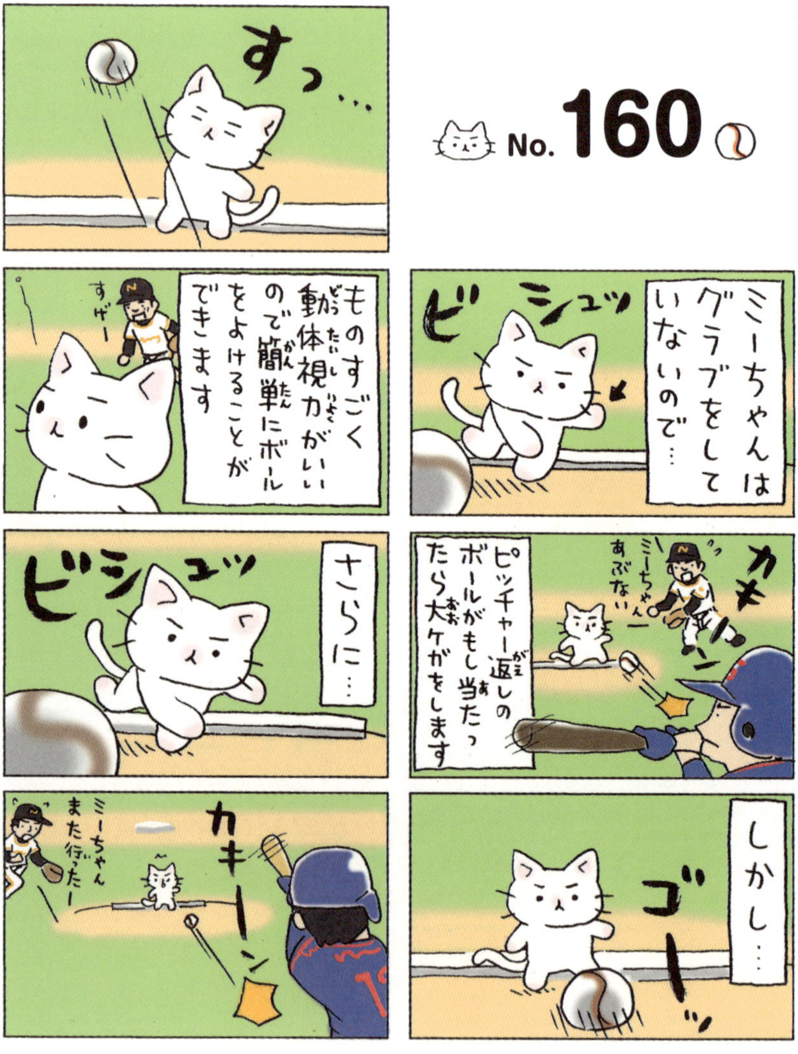
ミーちゃんはグラブをしていないので…
ビシュッ
ピッチャー返しのボールがもし当たったら大ケガをします
ミーちゃんあぶない
カキ
しかし…
ゴーッ
すっ…
ものすごく動体視力がいいので簡単にボールをよけることができます
すげー
さらに…
ビシュッ
カキーン
ミーちゃんまた行ったー

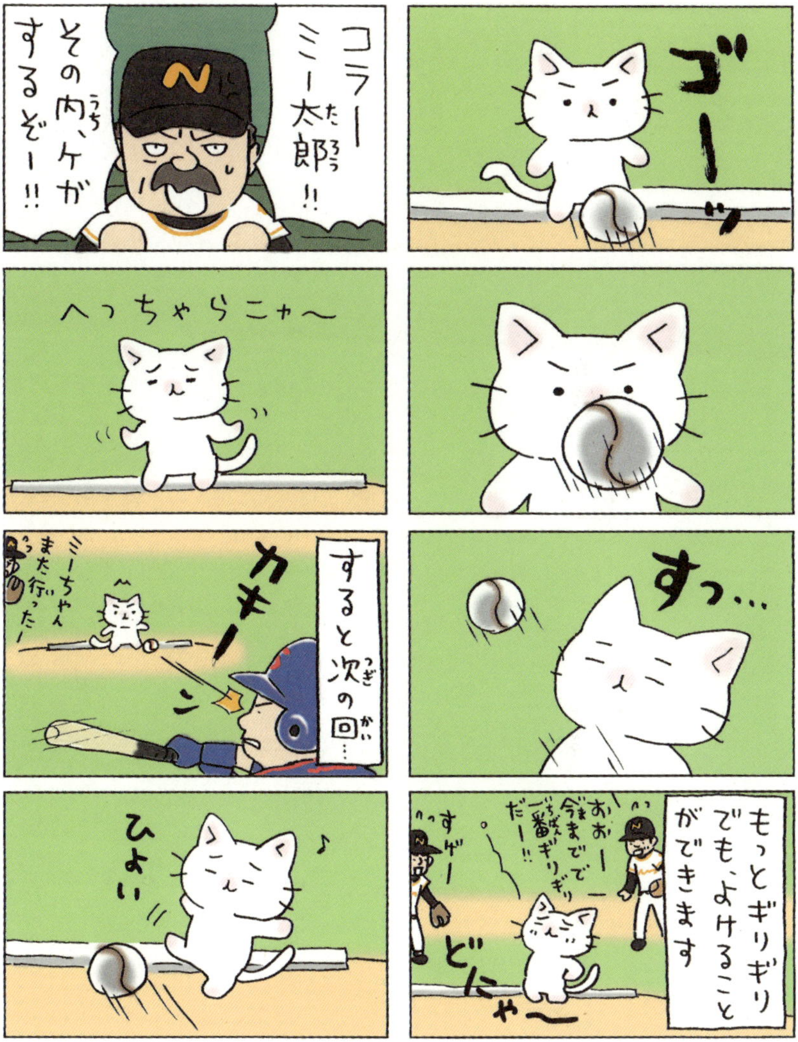
ゴーッ
コラー
ミー太郎!!
その内、ケガがするぞー!!
へっちゃらニャ〜
すっ…
すると次の回…
カキーン
ミーちゃんまた行ったー
もっとギリギリでも、よけることができます
おおー
今までで一番ギリギリだー!!
すげー
どにゃ〜
ひょい
♪

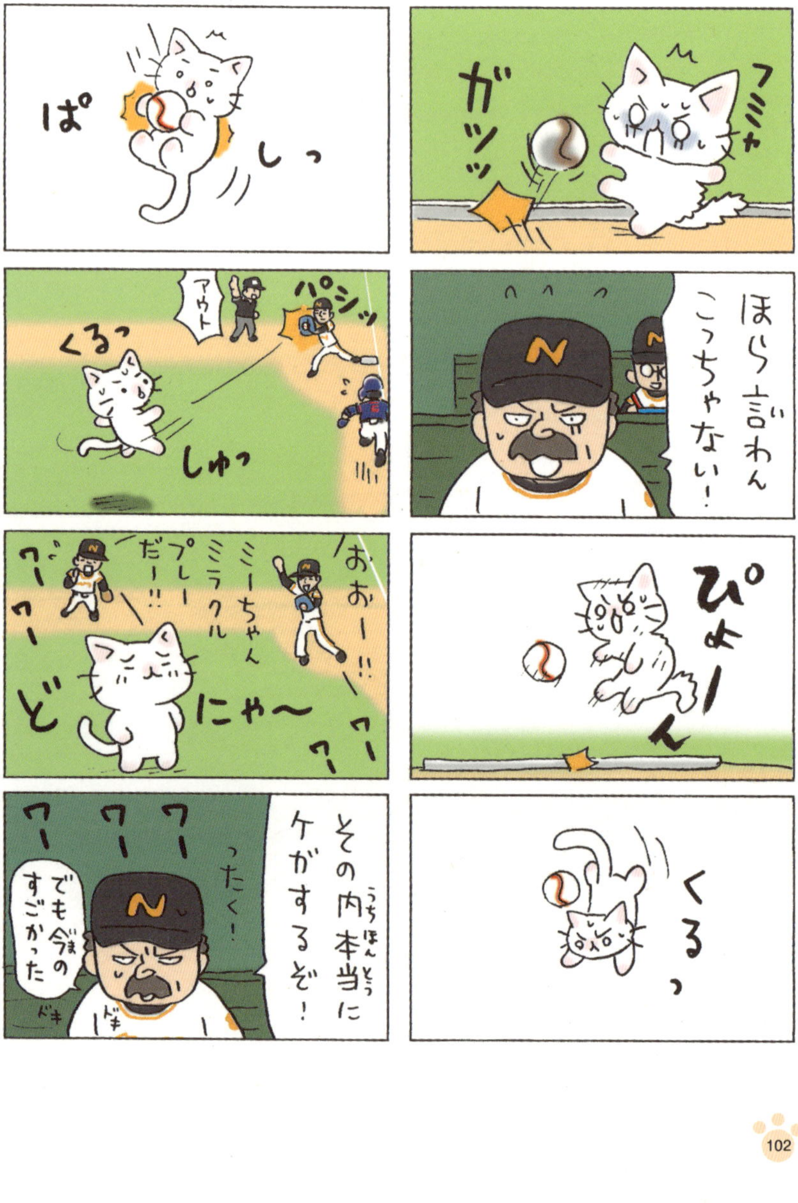
ガツッ
フミャ
ほら言わんこっちゃない！
ぴょーん
くるっ
ぱしっ
くるっ
しゅっ
パシッ
アウト
おおー!!
ミーちゃんミラクルプレーだー!!
ワー
ワー
ど
にゃ〜
ワー
ワー
その内本当にケガするぞ！
ったく！
でも今のすごかった
ドキ
ドキ
ワー
ワー
ワー

猫ピッチャー160の裏ばなし

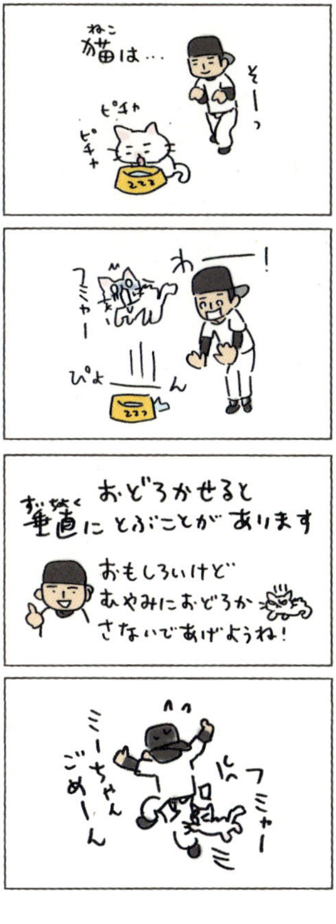

No. 161

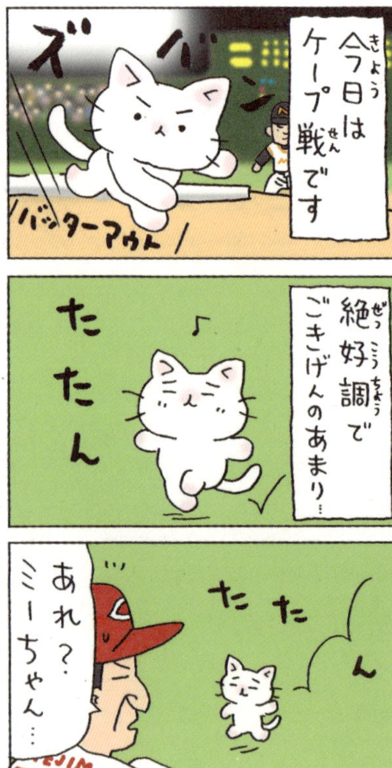
今日はケープ戦です
ズバーン
バッターアウト
絶好調でごきげんのあまり…
たたん
♪
あれ？ミーちゃん…
たたたん

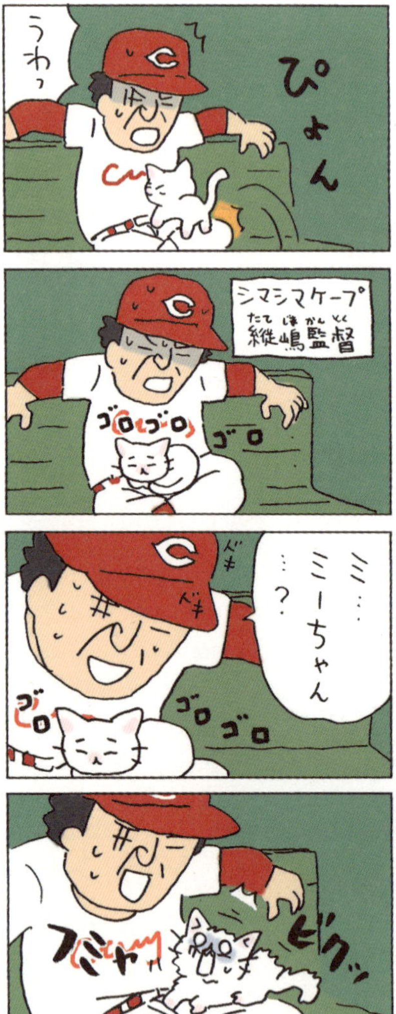
うわっ
ぴょん
シマシマケープ
縦嶋監督
ゴロゴロ
ゴロ
ミ…ミーちゃん…？
ドキドキ
ゴロ
ゴロゴロ
フギャッ
ビクッ

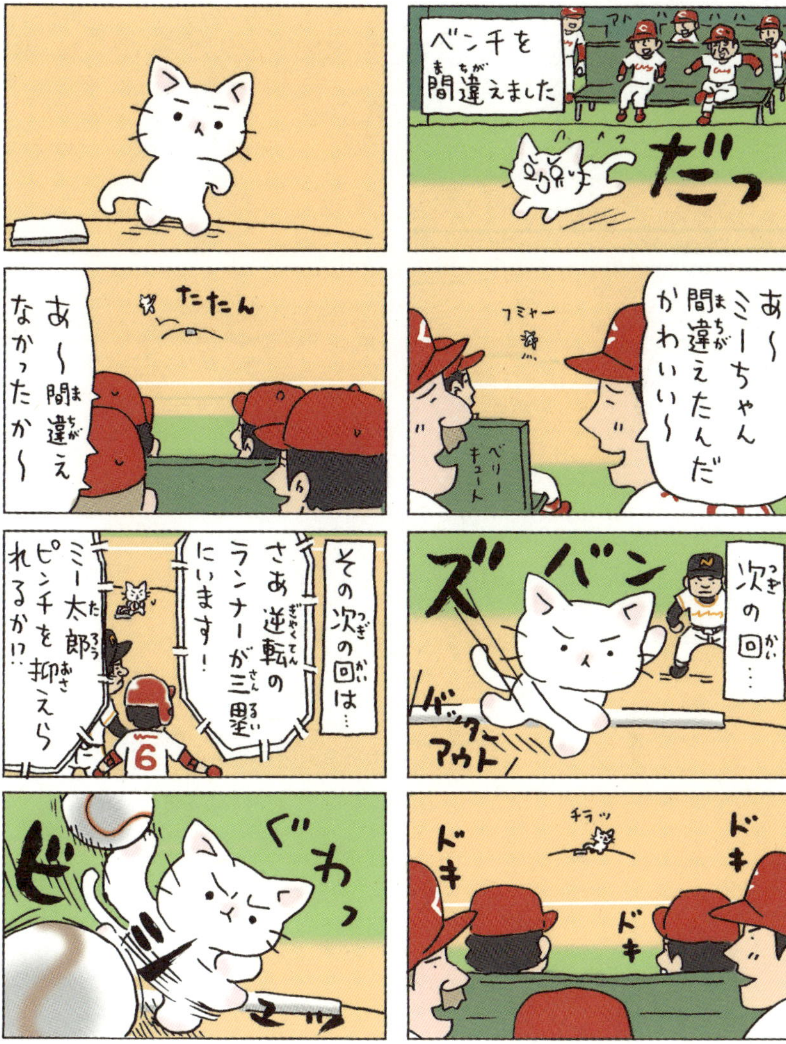
ベンチを間違えました
アハハハハ
だっ
フミャー
あ〜ミーちゃん間違えたんだかわいい〜
ベリーキュート
次の回…
ズバン
バッターアウト
チラッ
ドキドキ
たたん
あ〜間違えなかったか〜
その次の回は…
さあ逆転のランナーが三塁にいます!
ミー太郎ピンチを抑えられるか!?
ぐわっ
ビ

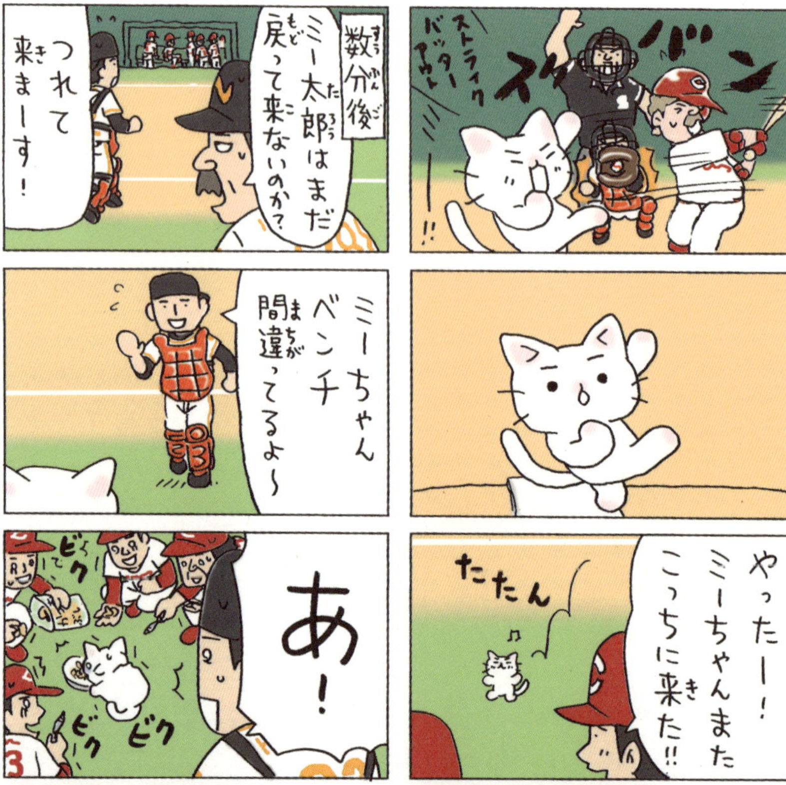

ストライク バッターアウト
ズバン
!!
やったー！ミーちゃんまたこっちに来た!!
たたん
あ～ミーちゃんまたベンチ間違ってる～!!
アハハ
数分後
ミー太郎はまだ戻って来ないのか？
つれて来まーす！
ミーちゃんベンチ間違ってるよ～
あ！
ビク
ビク
ビク
ビク
ミーちゃんになんかあげてる!!

猫ピッチャー
161の
裏ばなし

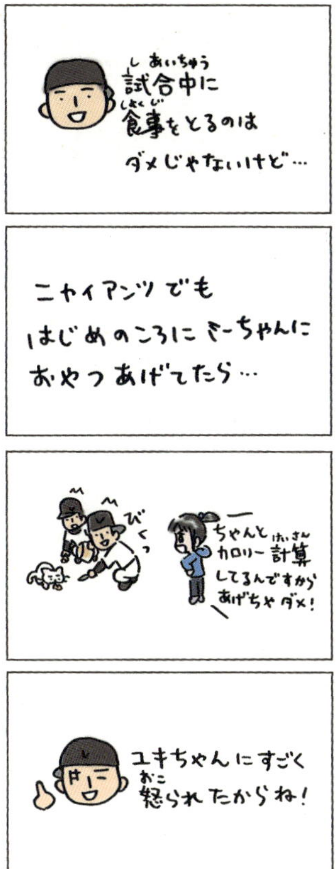

No.162

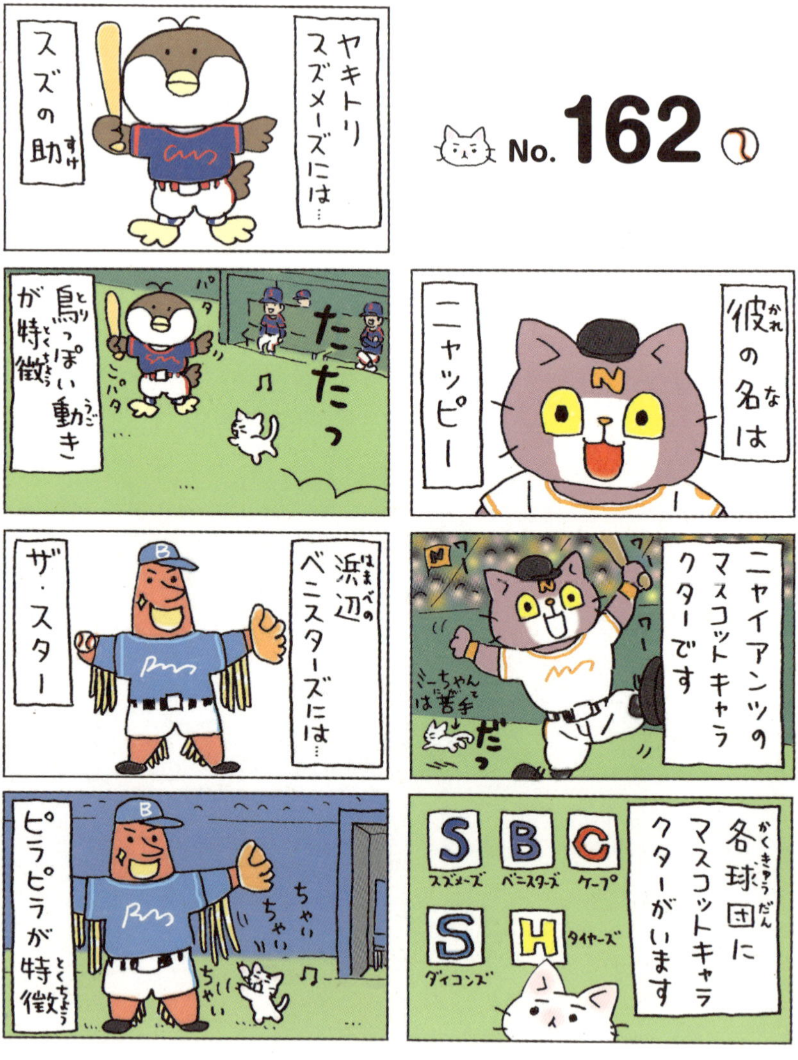

彼の名は
ニャッピー
ニャイアンツのマスコットキャラクターです
ミーちゃんは苦手
だっ
各球団にマスコットキャラクターがいます
S
スズメーズ
B
ベニスターズ
C
ケープ
S
ダイコンズ
H
タイヤーズ
ヤキトリスズメーズには…
スズの助
鳥っぽい動きが特徴…
パタ
パタ
たたっ
♪
浜辺ベニスターズには…
ザ・スター
ピラピラが特徴
ちゃい
ちゃい
ちゃい
♪

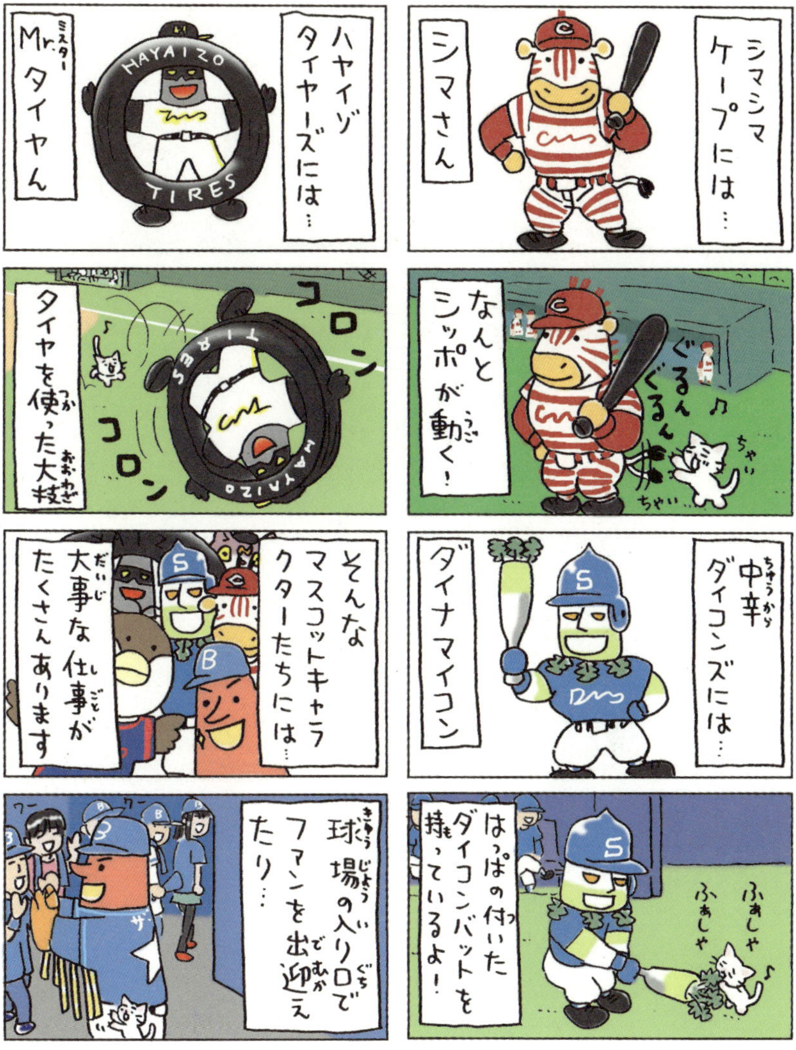
シマシマケープには…
シマさん
なんとシッポが動く!
ぐるんぐるん
ちゃいちゃい
中辛ダイコンズには…
ダイナマイコン
はっぱの付いたダイコンバットを持っているよ!
ふぁしゃふぁしゃ
ハヤイゾタイヤーズには…
Mr.タイヤやん
HAYAIZO TIRES
タイヤを使った大技
コロンコロンコロン
そんなマスコットキャラクターたちには…
大事な仕事がたくさんあります
球場の入り口でファンを出迎えたり…
ワー

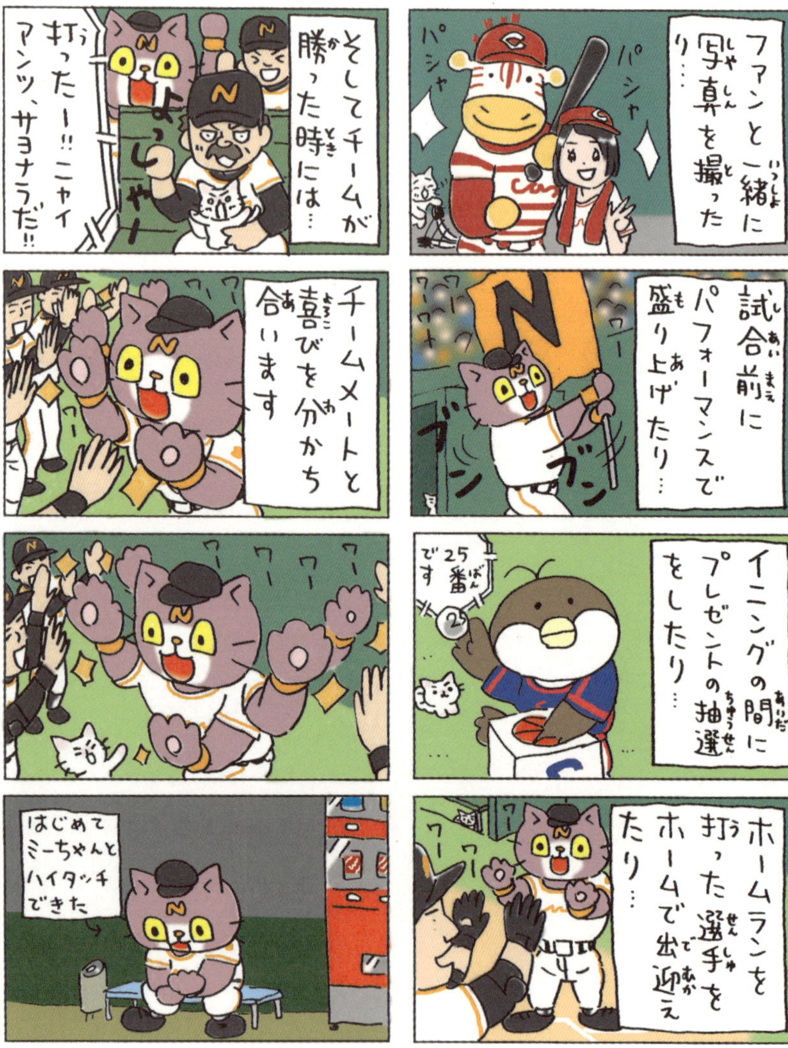
ファンと一緒に写真を撮ったり…
パシャ
パシャ
試合前にパフォーマンスで盛り上げたり…
ワーワー
ワー
ブンブン
イニングの間にプレゼントの抽選をしたり…
25番です
ホームランを打った選手をホームで出迎えたり…
ワー
ワー
そしてチームが勝った時には…
よっしゃー
打ったー!! ニャイアンツ、サヨナラだ!!
チームメートと喜びを分かち合います
ワー
ワー
ワー
ワー
ワー
はじめてミーちゃんとハイタッチできた

猫ピッチャー 162の 裏ばなし

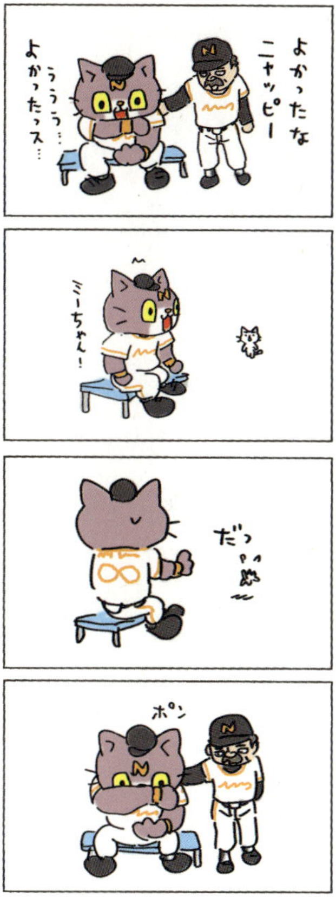

No. 163

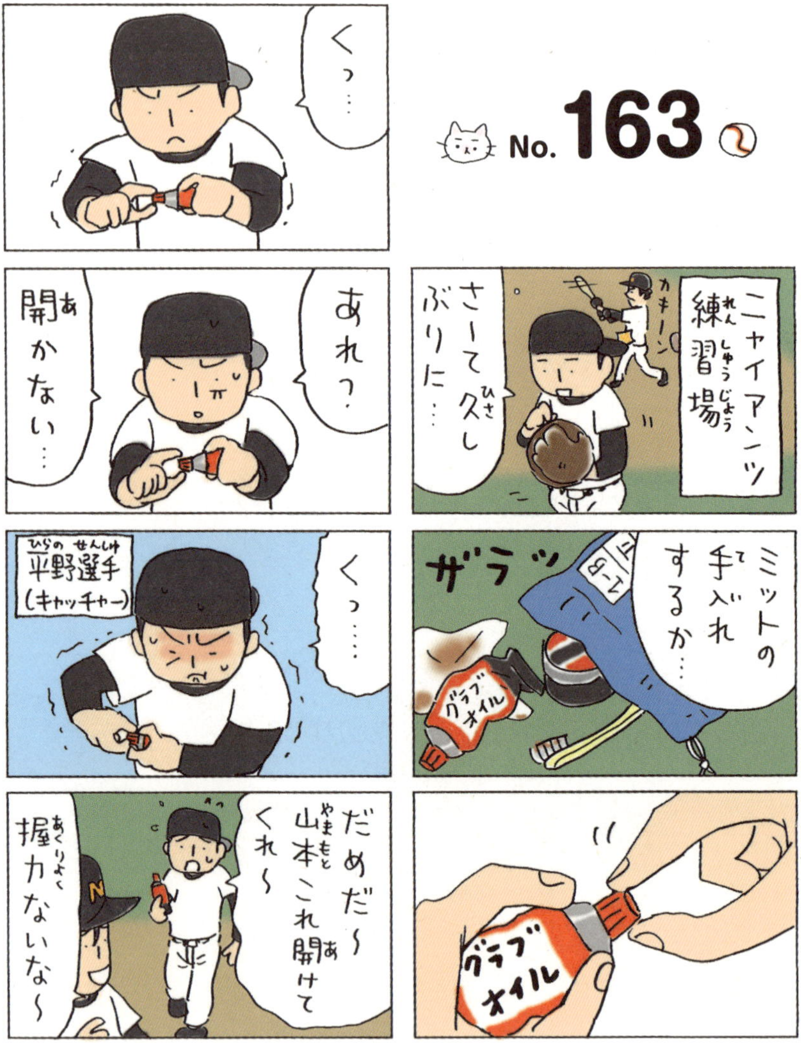
ニャイアンツ練習場
カキーン
さーて久しぶりに…
ザラッ
ミットの手入れするか…
グラブオイル
くっ…
あれっ?
開かない…
平野選手(キャッチャー)
くっ……
だめだ~山本これ開けてくれ~
握力ないな~

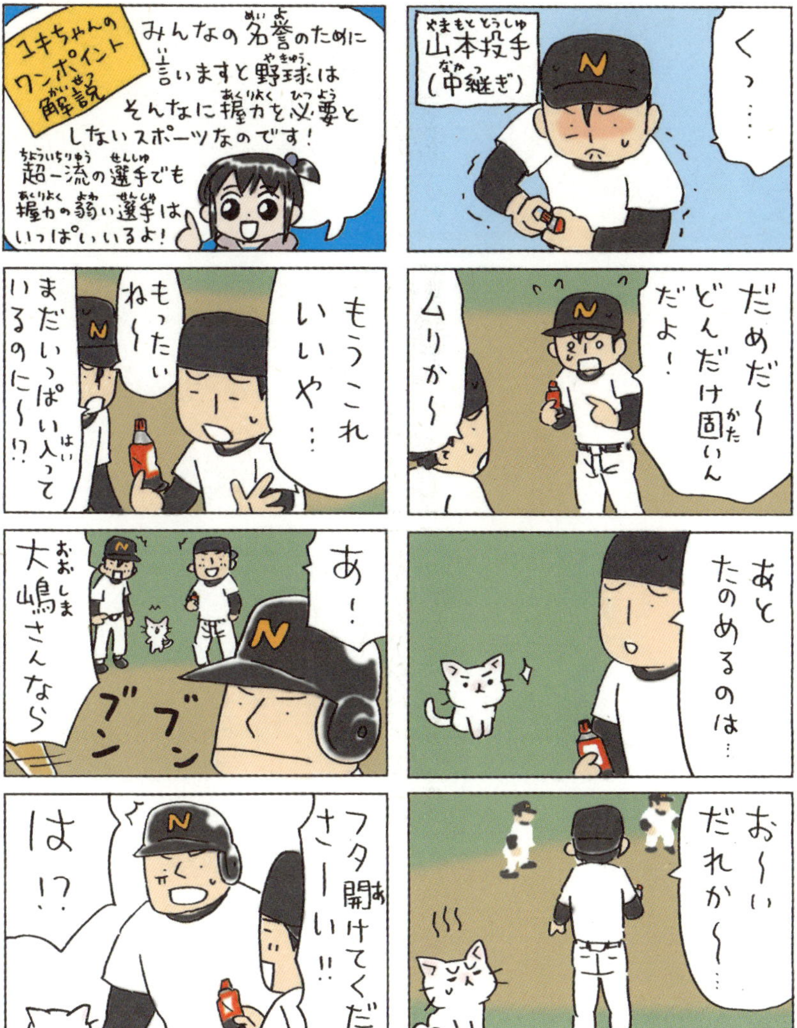
山本投手（中継ぎ）
くっ……
だめだ〜 どんだけ固いんだよ！
ムリか〜
あと たのめるのは…
お〜い だれか〜…
ユキちゃんのワンポイント解説
みんなの名誉のために言いますと野球はそんなに握力を必要としないスポーツなのです！
超一流の選手でも握力の弱い選手はいっぱいいるよ！
もうこれいいや…
もったいねー
まだいっぱい入っているのに〜!?
あ！
大嶋さんなら
ブン ブン
フタ開けてくださーい!!
は!?

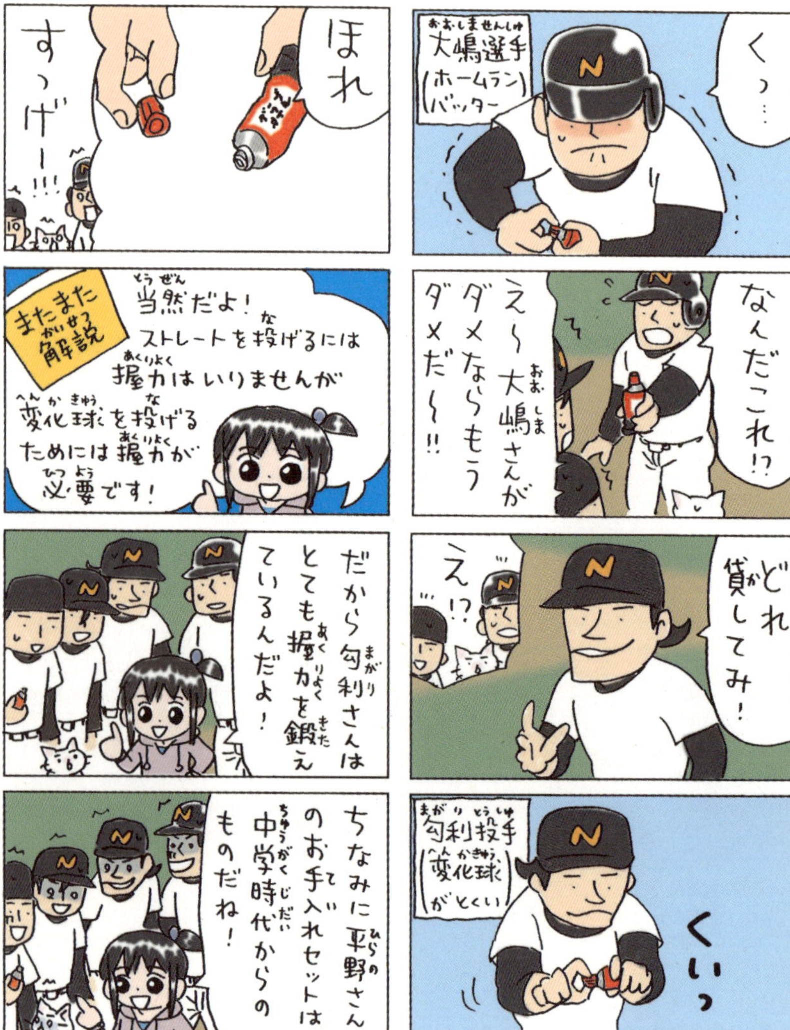
大嶋選手（ホームランバッター）
くっ…
なんだこれ!?
え〜大嶋さんがダメならもうダメだ〜!!
どれ貸してみ!
え!?
勾利投手 変化球がとくい
くいっ
ほれ
すっげー!!!
またまた解説
当然だよ! ストレートを投げるには握力はいりませんが変化球を投げるためには握力が必要です!
だから勾利さんはとても握力を鍛えているんだよ!
ちなみに平野さんのお手入れセットは中学時代からのものだね!

猫ピッチャー 163の裏ばなし

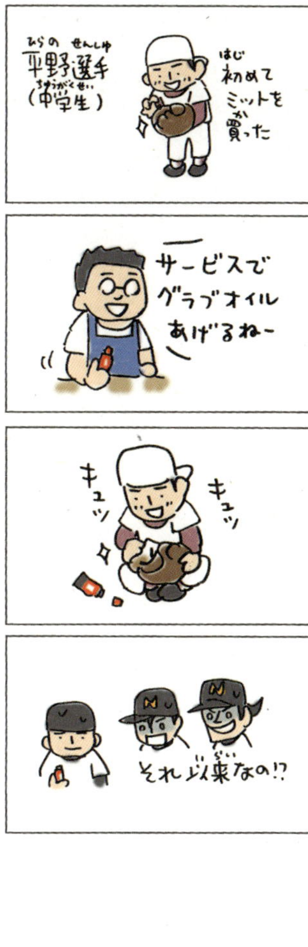

No.164 ①

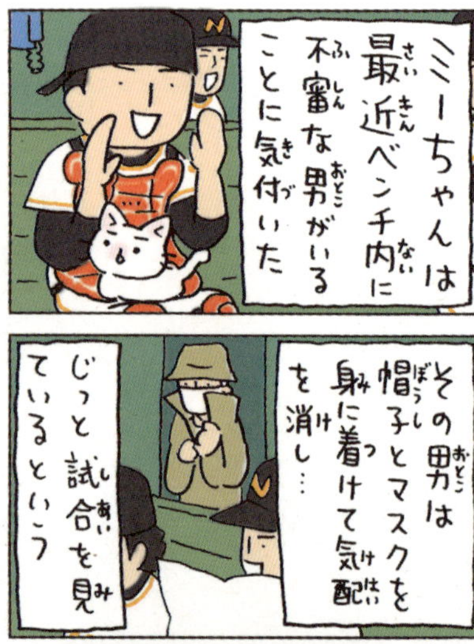
ミーちゃんは最近ベンチ内に不審な男がいることに気付いた
その男は帽子とマスクを身に着けて気配を消し…
じっと試合を見ているという
帽子とマスク？そんな人いたかなあ
さあ～…
コクッ

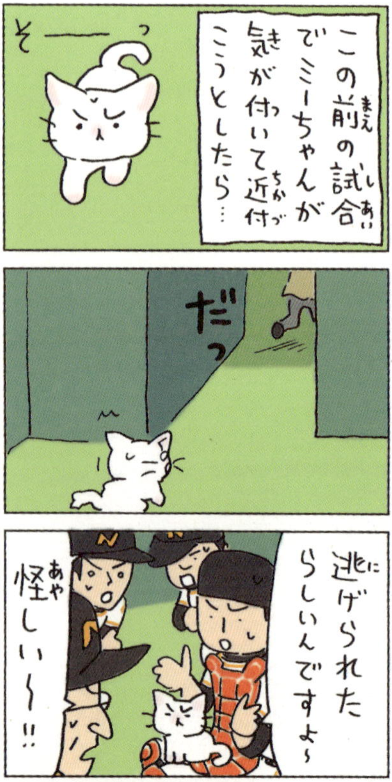
この前の試合でミーちゃんが気付いて近付こうとしたら…
そーーっ
だっ
逃げられたらしいんですよ～
怪しい～!!
なのにミーちゃんがマウンドに上がると…
ザッ
ザッ

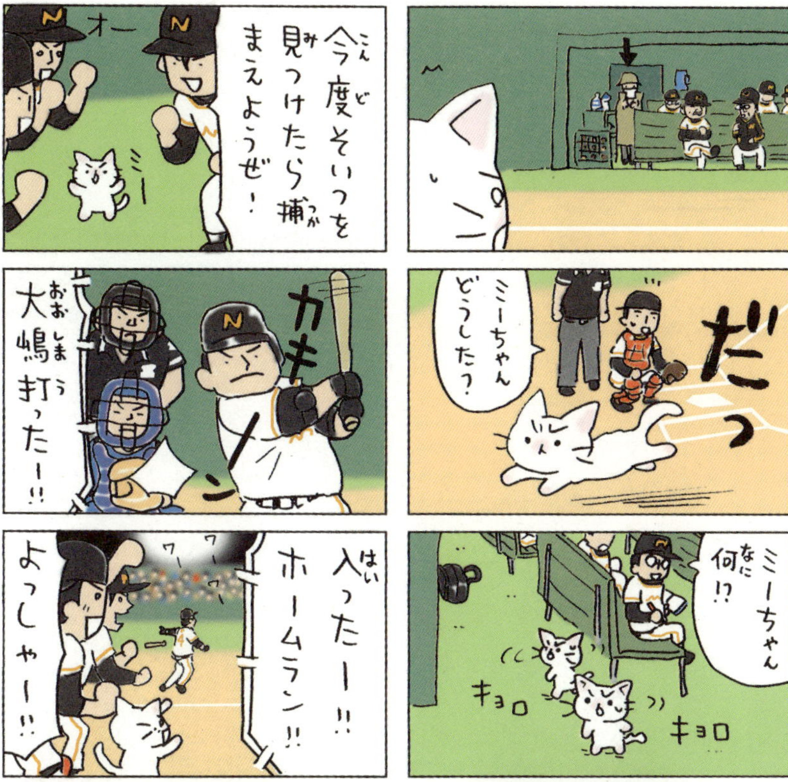
ミー
ミーちゃん どうした？
だっ
ミーちゃん 何!?
キョロ
キョロ
姿を消したらしいんですよ…
ますます怪しい〜!!
コクッ
今度そいつを見つけたら捕まえようぜ！
オー
ミー
カキーン
大嶋打ったー!!
入ったー!! ホームラン!!
ワー
よっしゃー!!
カシャ

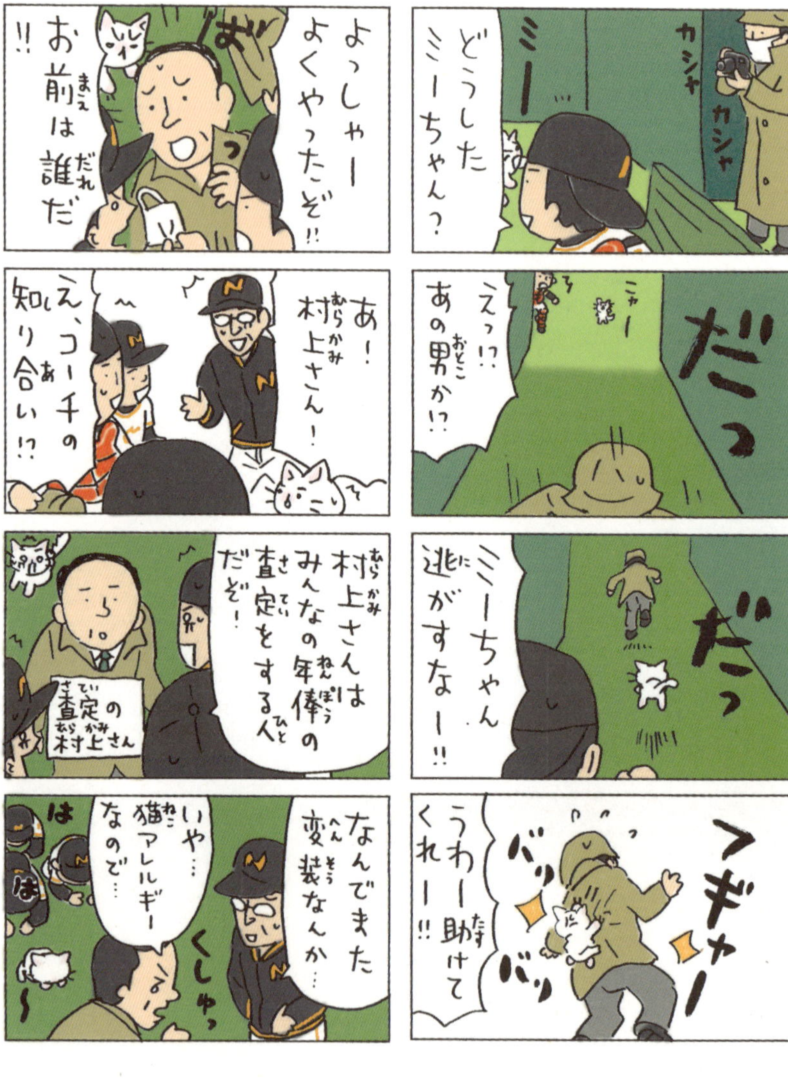
カシャ
カシャ
ミー
どうした ミーちゃん?
ニャー
えっ!? あの男か!?
だっ
ミーちゃん 逃がすなー!!
だっ
ギャー
バッ
バッ
うわー助けてくれー!!
よっしゃー よくやったぞ!!
ばっ
お前は誰だ!!
あ! 村上さん!
え、コーチの知り合い!?
村上さんは みんなの年俸の 査定をする人 だぞ!
査定の村上さん
なんでまた 変装なんか…
いや… 猫アレルギー なので…
くしゅっ
は
は

猫ピッチャー 164の 裏ばなし

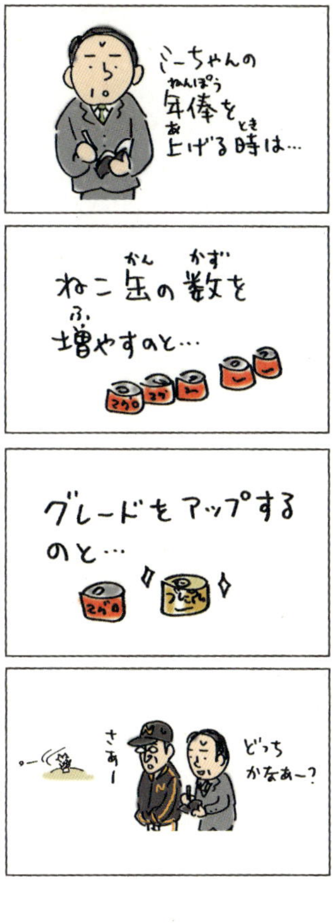

No. 165

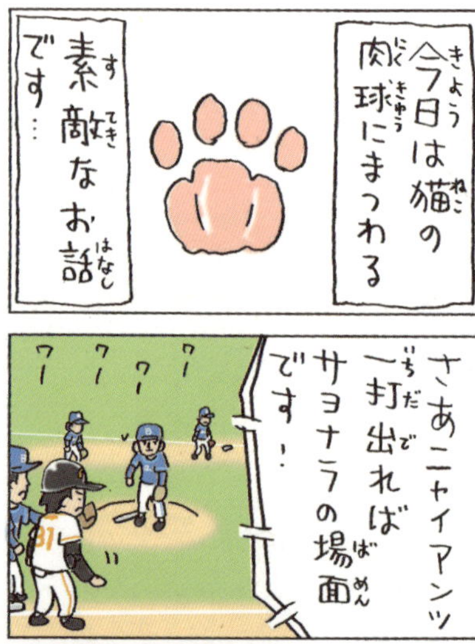

今日は猫の
肉球にまつわる
素敵なお話
です…
さあニャイアンツ
一打出れば
サヨナラの場面
です!
ワー
ワー
ここで井狩
監督、代打を
告げます

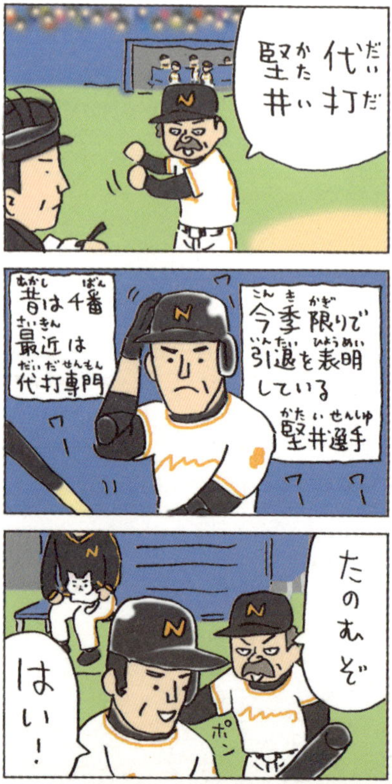

代打
堅井
今季限りで
引退を表明
している
堅井選手
昔は4番
最近は
代打専門
ワー
たのむぞ
はい!
ポン
ブン
ブン

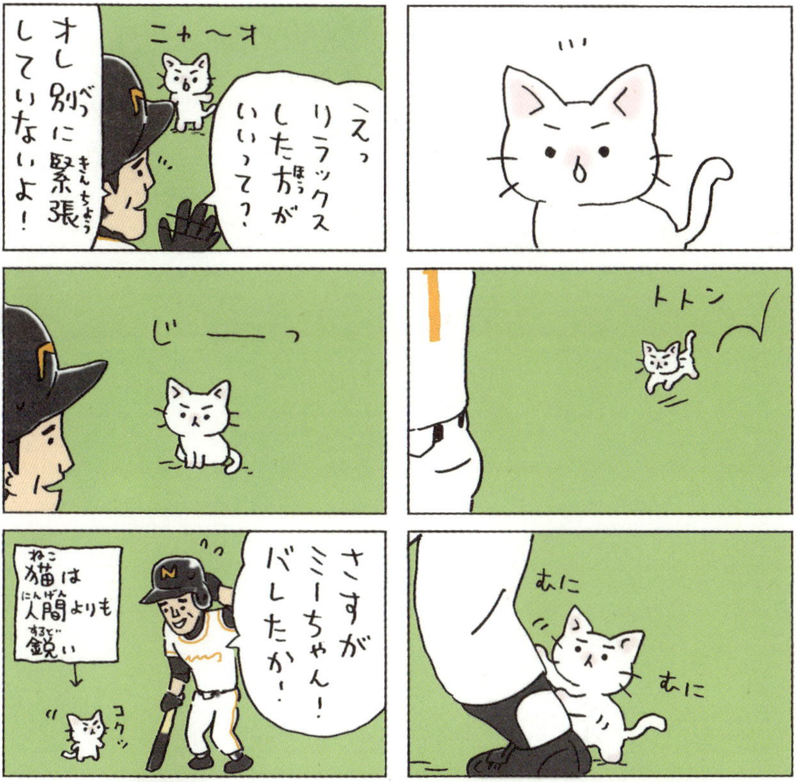
トトン
むに
むに
ん!?
ミーちゃんどうした?
ニャ〜オ
えっ リラックスした方がいいって?
オレ別に緊張していないよ!
じーーっ
猫は人間よりも鋭い
コクッ
さすがミーちゃん! バレたか!
もうちょっとリラックスしてみるよ! サンキューー!
ニャー!

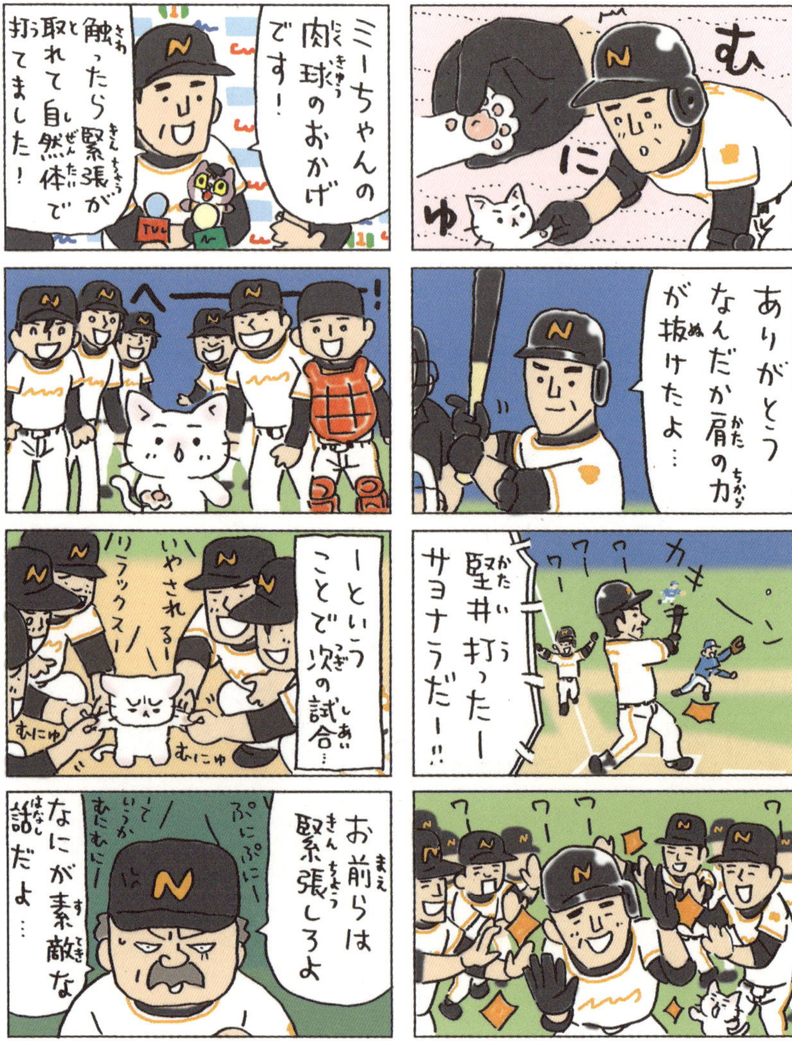
むにゅ
ありがとう
なんだか肩の力が抜けたよ…
カキーン
ワー ワー ワー
堅井打ったー
サヨナラだー!!
ワー ワー ワー ワー
ミーちゃんの肉球のおかげです!
触ったら緊張が取れて自然体で打ってました!
へーーー!
ーということで次の試合…
いやされるー
リラックスー
むにゅ
むにゅ
お前らは緊張しろよ
なにが素敵な話だよ…
ぷにぷにー
ていうかむにむにー

猫ピッチャー 165の裏ばなし

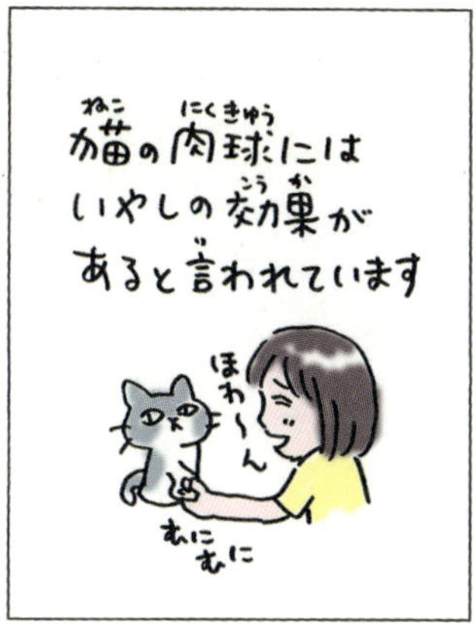

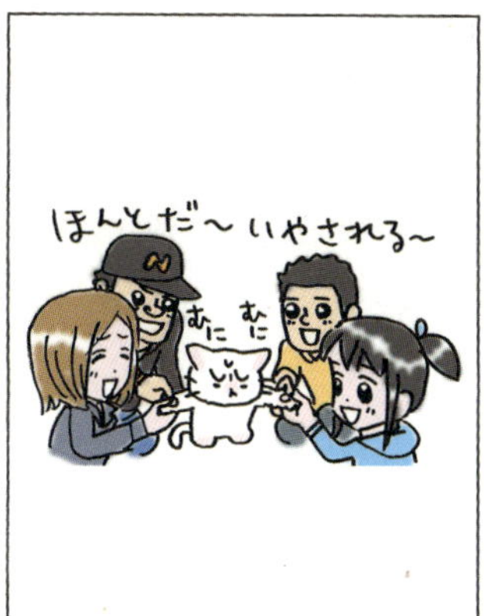

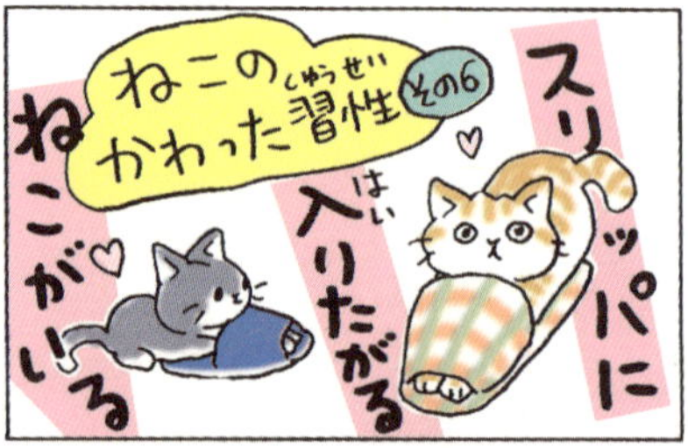
ねこのかわった習性 その6
スリッパに入りたがるねこがいる

No. 166

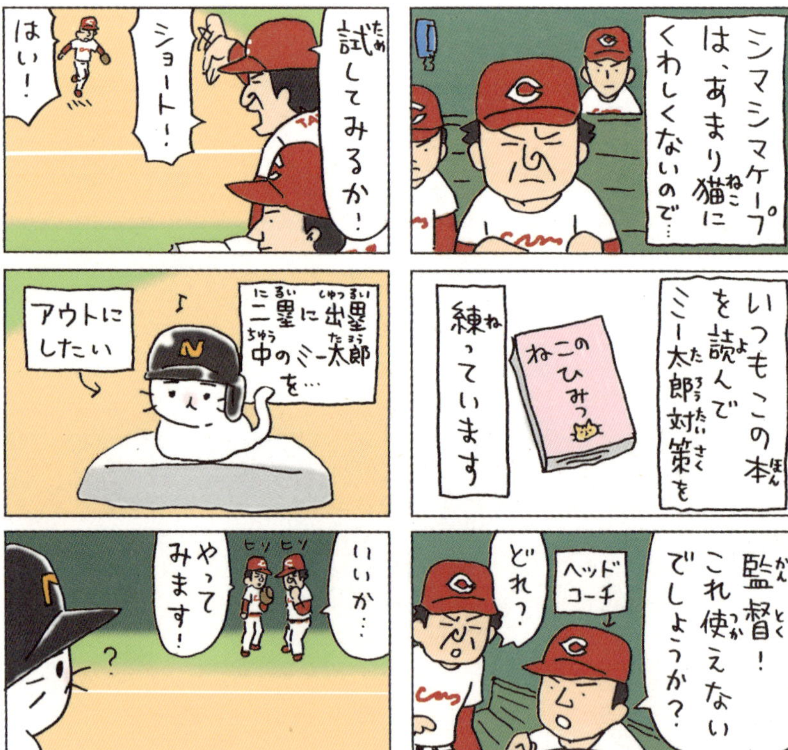
シマシマケープは、あまり猫にくわしくないので…
いつもこの本を読んでミー太郎対策を
練っています
ねこのひみつ
監督!これ使えないでしょうか?
どれ?
ヘッドコーチ
試してみるか!
ショート!
はい!
二塁に出塁中のミー太郎を…
アウトにしたい
いいか…
やってみます!
ヒソヒソ
?

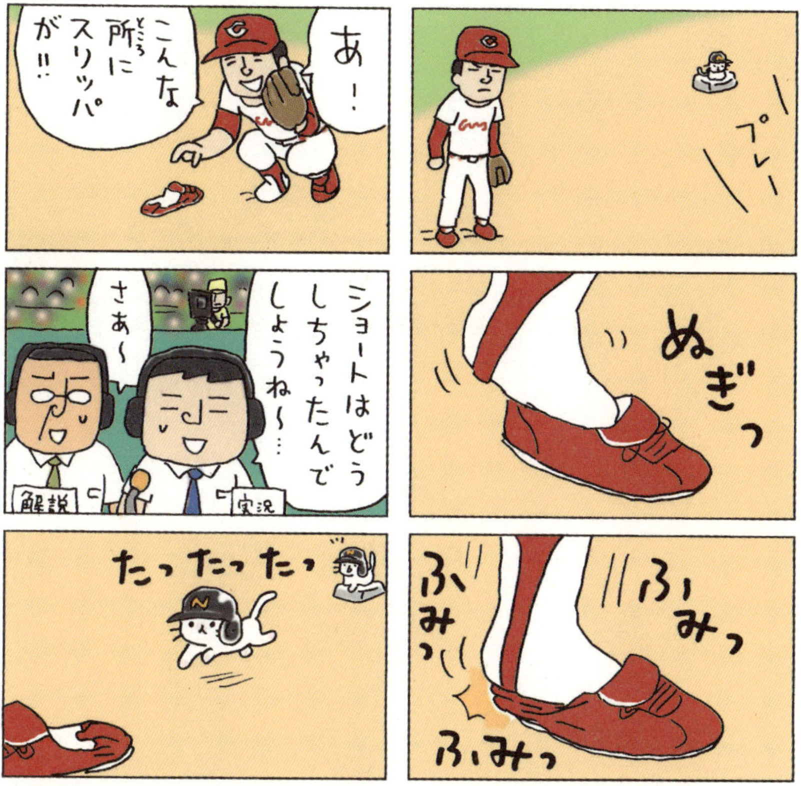
プレー
あー!
こんな所にスリッパが!!
ぬぎっ
ショートはどうしちゃったんでしょうね〜…
さあ〜
実況
解説
ふみっ
ふみっ
ふみっ
たっ たっ たっ
ぺっちゃ〜ん
よし!できた
もぞっ

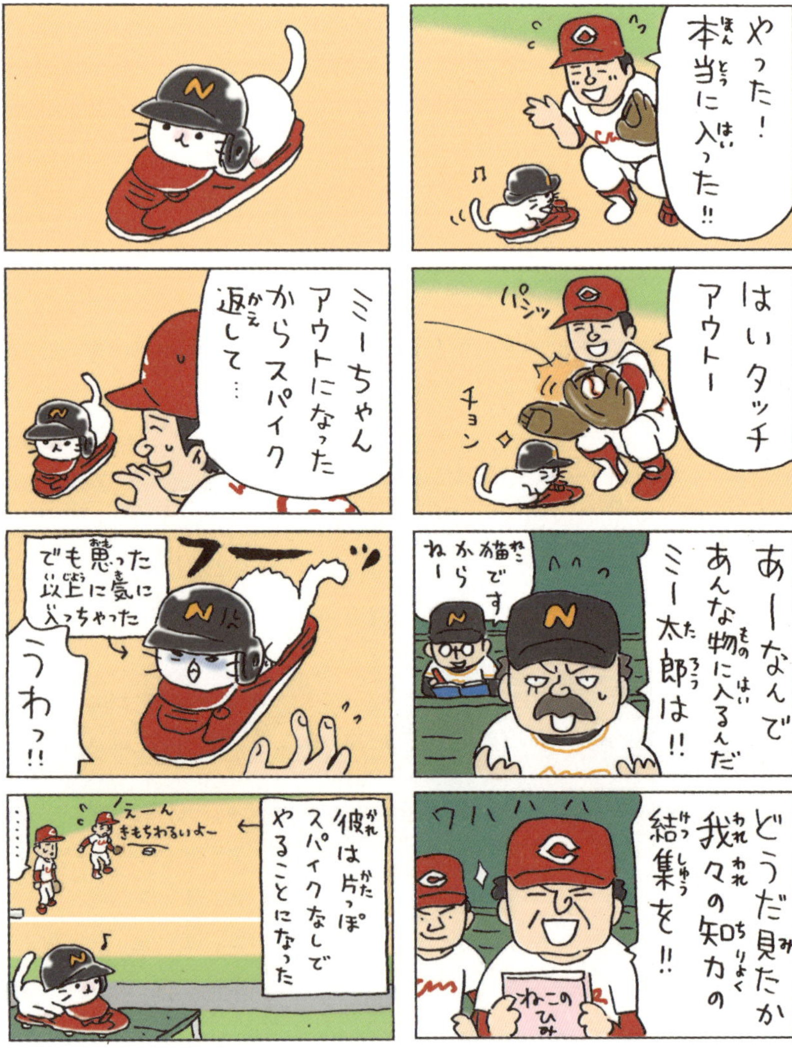

やった！本当に入った!!
はいタッチアウトー
パシッ
チョン
ミーちゃんアウトになったからスパイク返して…
あーなんであんな物に入るんだミー太郎は!!
猫ですからねー
フーッ
でも思った以上に気に入っちゃった
うわっ!!
どうだ見たか我々の知力の結集を!!
ワハハハ
ねこのひみ
彼は片っぽスパイクなしでやることになった
えーん きもちわるいよー
……

猫ピッチャー 166の 裏ばなし

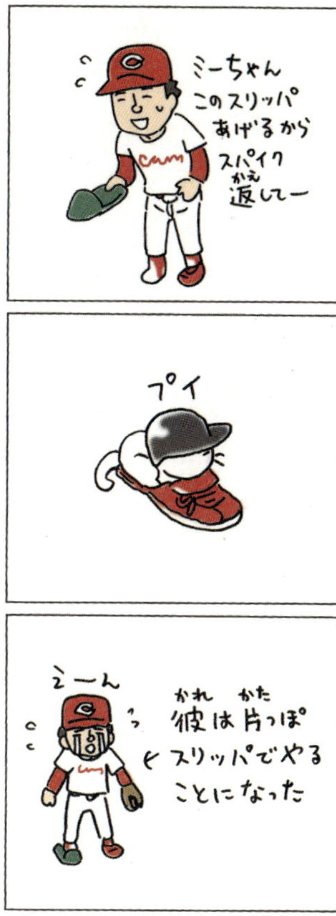

No. 167

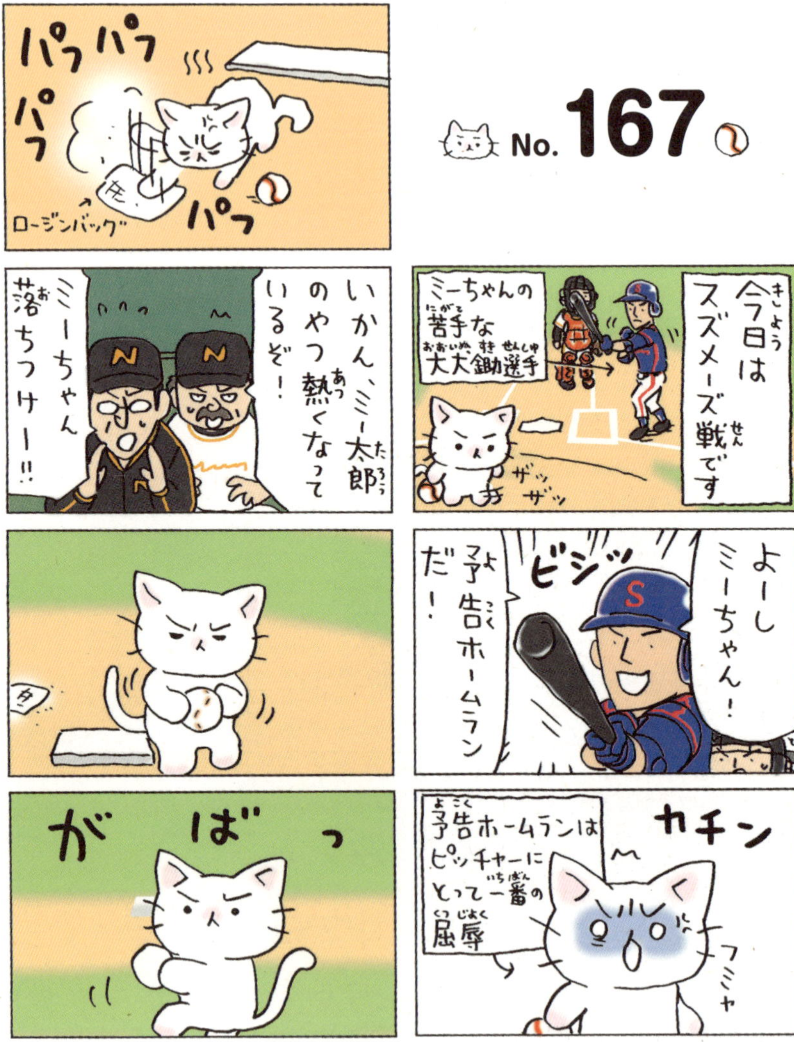
今日はスズメーズ戦です
ミーちゃんの苦手な大大鋤選手
ザッ ザッ
よーしミーちゃん!
ビシッ
予告ホームランだ!
カチン
予告ホームランはピッチャーにとって一番の屈辱
フミャ
パフパフ
パフ
パフ
ロージンバッグ
いかん、ミー太郎のやつ熱くなっているぞ!
ミーちゃん落ちつけー!!
がばっ

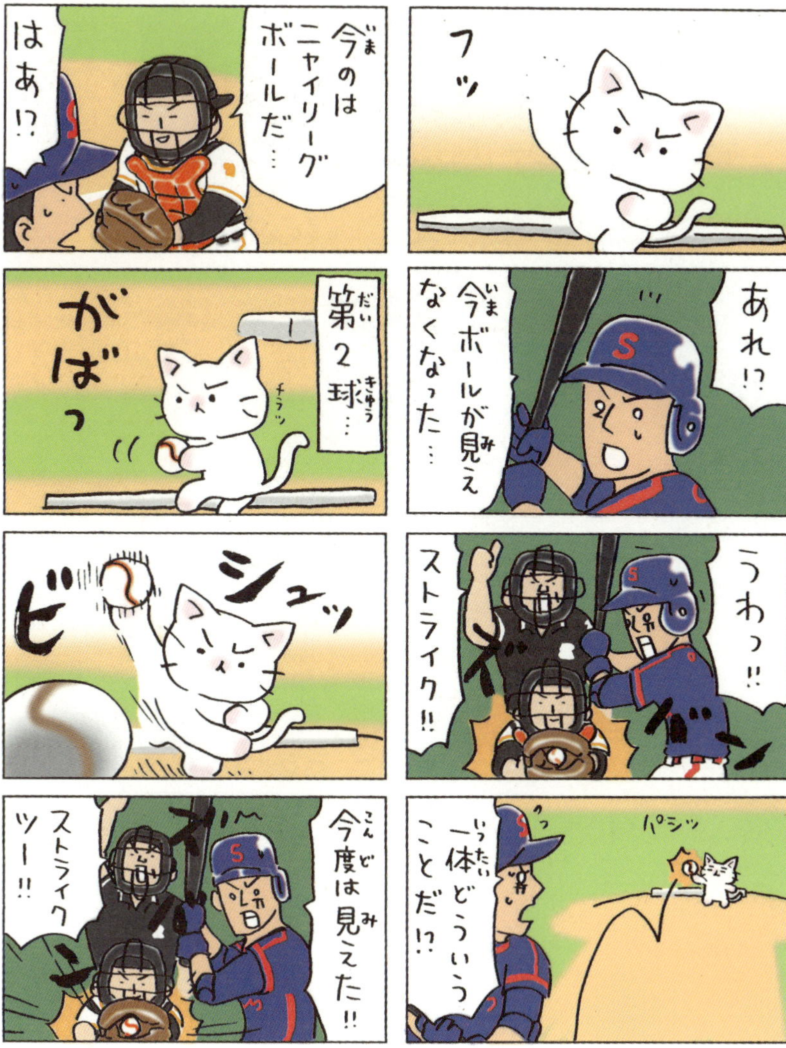

フッ
あれ!?
今ボールが見えなくなった…
うわっ!!
ストライク!!
一体どういうことだ!?
パシッ
今のはニャイリーグボールだ…
はあ!?
第2球…
がばっ
チラッ
ビシュッ
今度は見えた!!
ストライクツー!!

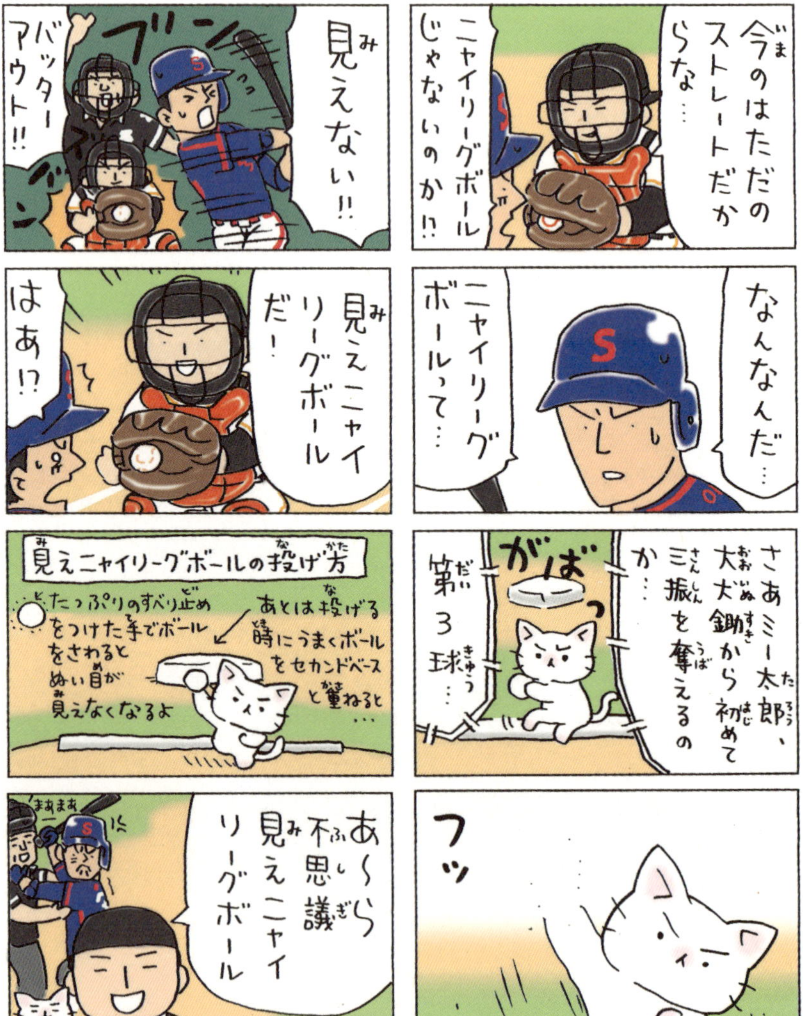
今のはただのストレートだからな…
ニャイリーグボールじゃないのか!!
なんなんだ…
ニャイリーグボールって…
さあミー太郎、大犬鋤から初めて三振を奪えるのか…
がばっ
第3球…
フッ
見えない!!
ブーン
バッターアウト!!
見えニャイリーグボールだ!
はあ!?
見えニャイリーグボールの投げ方
たっぷりのすべり止めをつけた手でボールをさわるとぬい目が見えなくなるよ
あとは投げる時にうまくボールをセカンドベースと重ねると…
あ〜ら不思議見えニャイリーグボール
まあまあ

猫ピッチャー 167の 裏ばなし

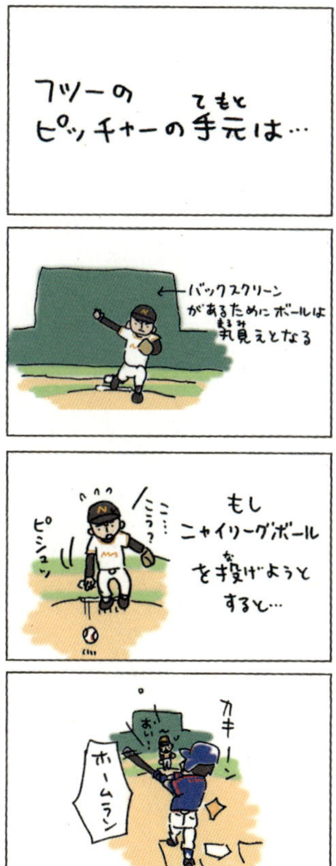

No. 168

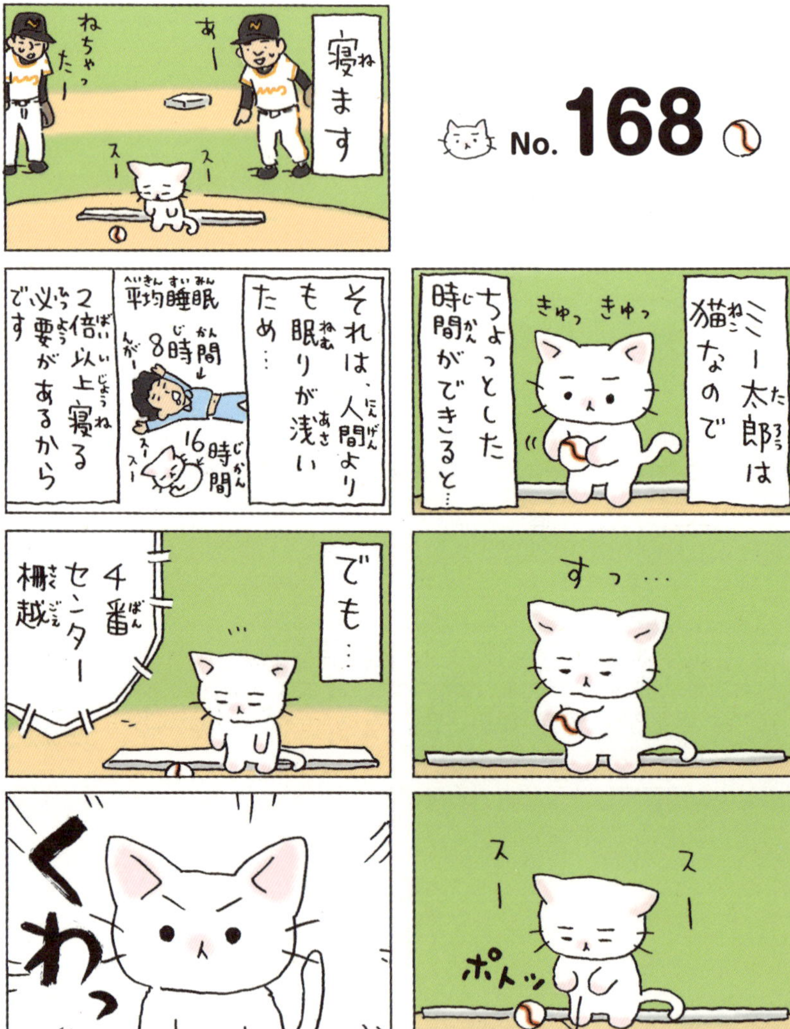
ミー太郎は猫なので
ちょっとした時間ができると…
きゅっ きゅっ
すっ…
スー
スー
ポトッ
寝ます
あー
ねちゃったー
スー スー
それは、人間よりも眠りが浅いため…
平均睡眠
8時間
んがー
16時間
スー スー
2倍以上寝る必要があるからです
でも…
4番センター柵越
くわっ

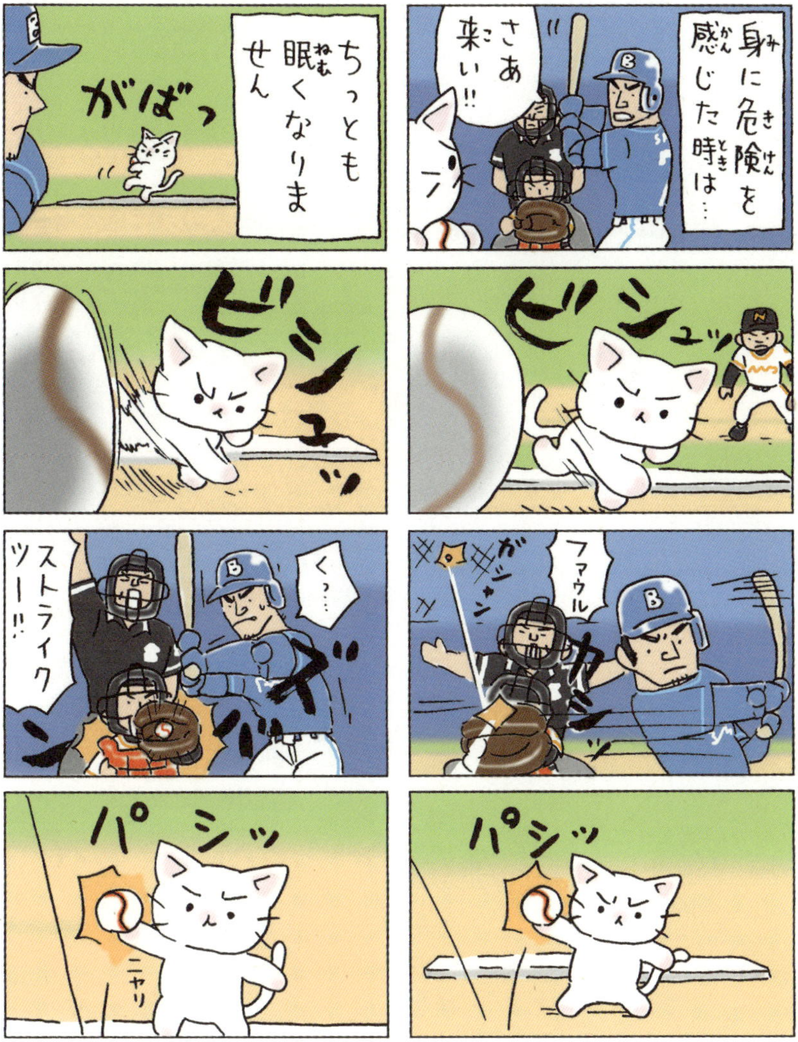

身に危険を感じた時は…
さあ来い!!
ビシュッ
ファウル
ガシャン
パシッ
ちっとも眠くなりません
がばっ
ビシュッ
くっ…
ストライクツー!!
パシッ
ニヤリ

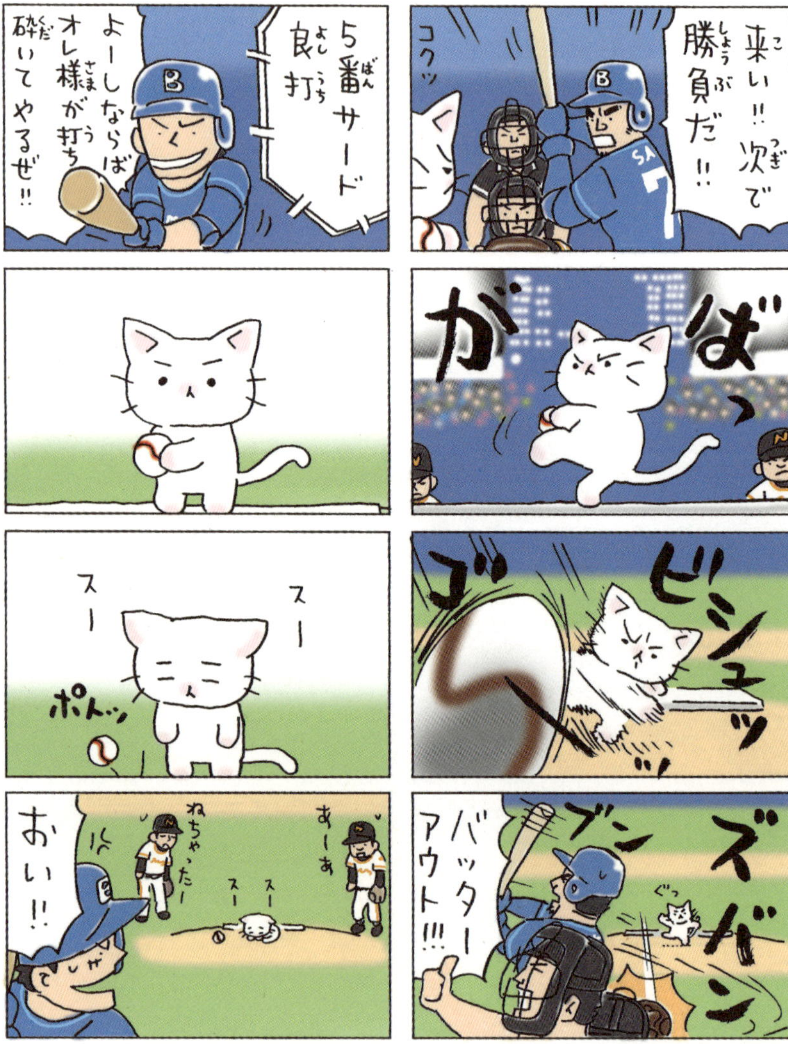
来い!! 次で勝負だ!!
コクッ
5番サード 良打
よーしならばオレ様が打ち砕いてやるぜ!!
がばっ
ビシュッ
ゴッ
スー
スー
ポんッ
ズバン
ブン
ぐっ
バッターアウト!!!
あーあ
ねちゃったー
スー
スー
おい!!

猫ピッチャー 168の 裏ばなし

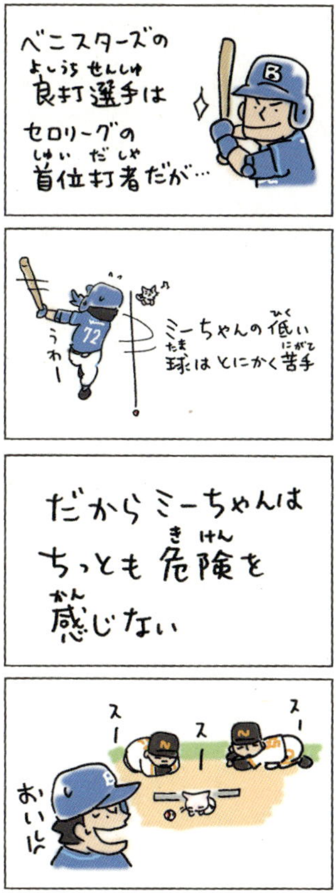

No.169

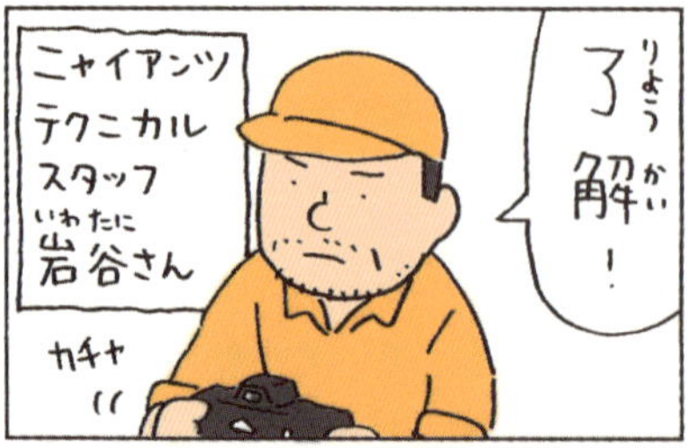
ニャイアンツ
テクニカル
スタッフ
岩谷さん
了解！
カチャ

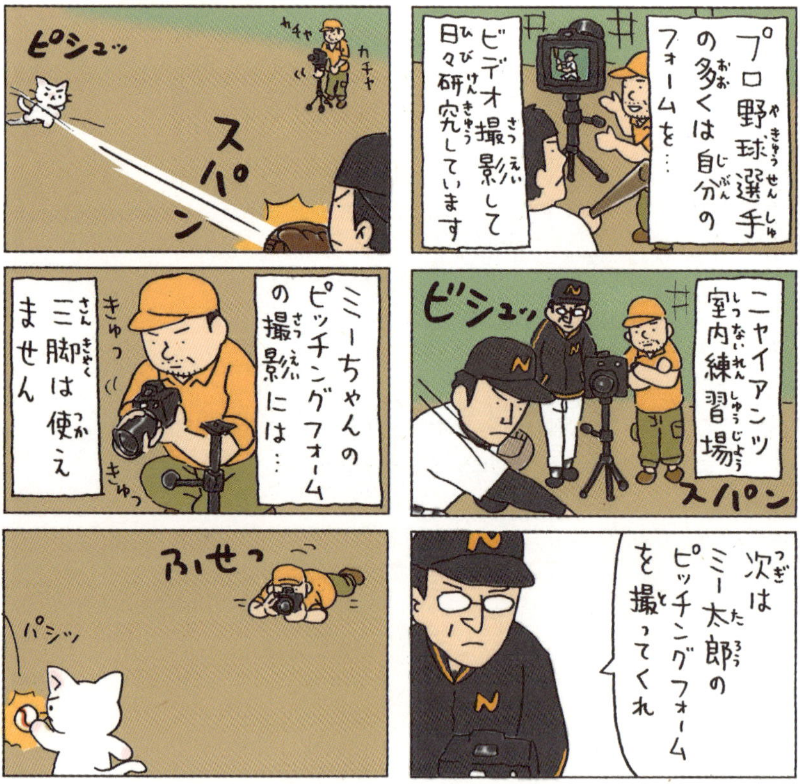
ピシュッ
スパン
ニャイアンツ
室内練習場
プロ野球選手
の多くは自分の
フォームを…
ビデオ撮影して
日々研究しています
次は
ミー太郎の
ピッチングフォーム
を撮ってくれ
ピシュッ
カチャ
カチャ
スパン
ミーちゃんの
ピッチングフォーム
の撮影には…
三脚は使え
ません
きゅっ
きゅっ
ふせっ
パシッ

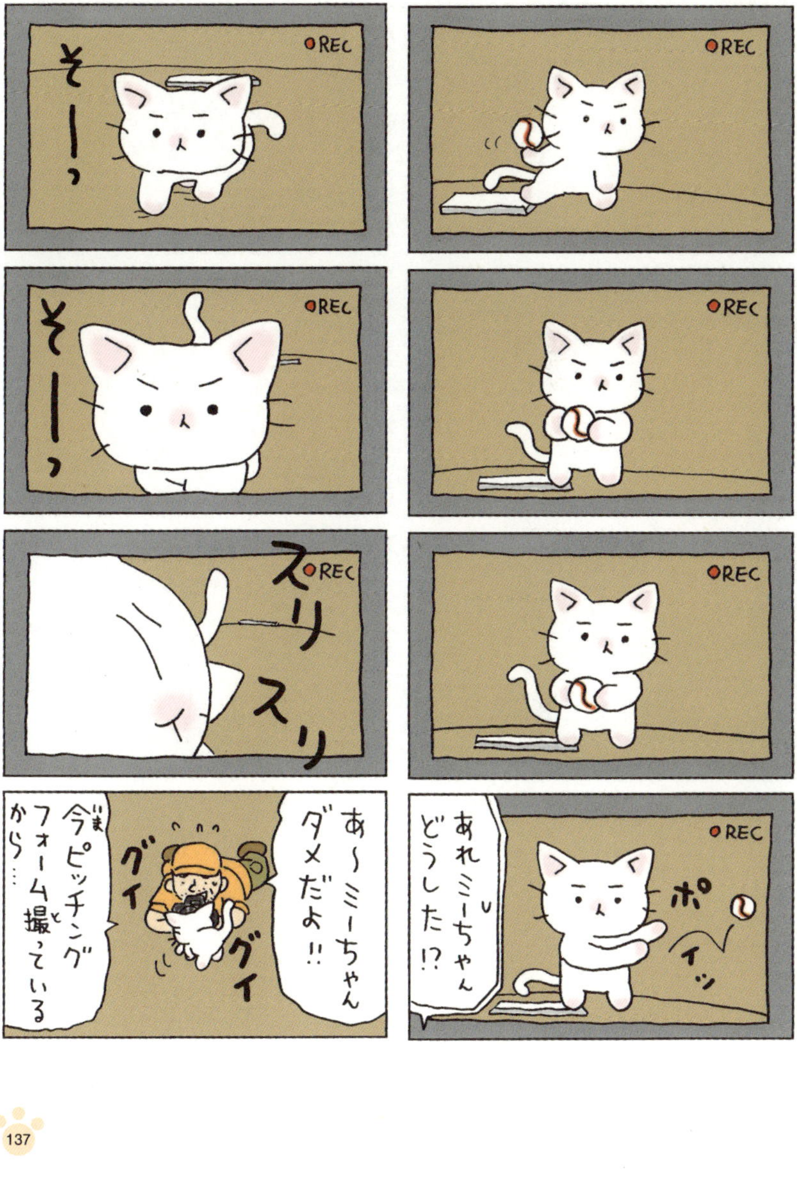
REC
REC
REC
あれミーちゃんどうした!?
REC
ポイッ
そーーっ
REC
そーーっ
REC
スリスリ
REC
あ〜ミーちゃんダメだよ!!
グイグイ
今ピッチングフォーム撮っているから…

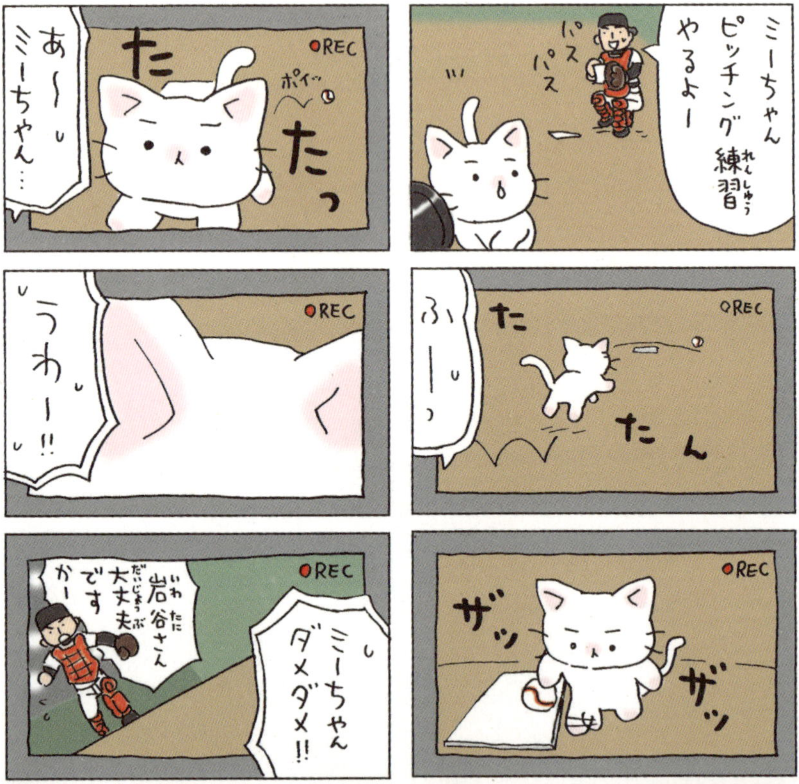
ミーちゃん ピッチング練習やるよー
パス パス
ふーーっ
た たん
●REC
ザッ ザッ
●REC
●REC
あ〜 ミーちゃん…
たたっ
ポイッ
●REC
うわーー!!
●REC
岩谷さん 大丈夫ですかー
ミーちゃん ダメダメ!!
●REC
岩谷さんのヒゲが好き
今回もダメか…
まいったなー
スリ スリ

猫ピッチャー169の裏ばなし

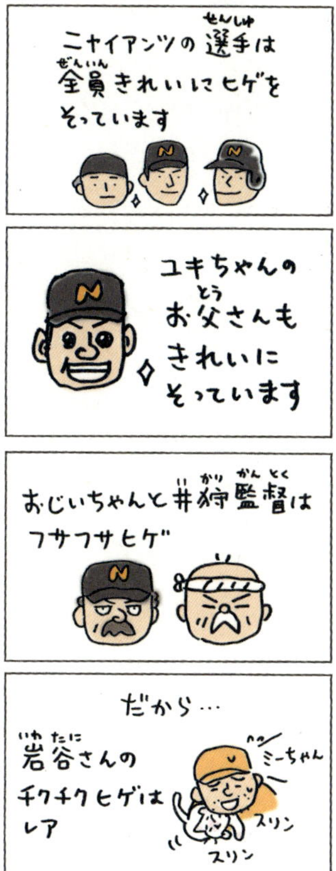

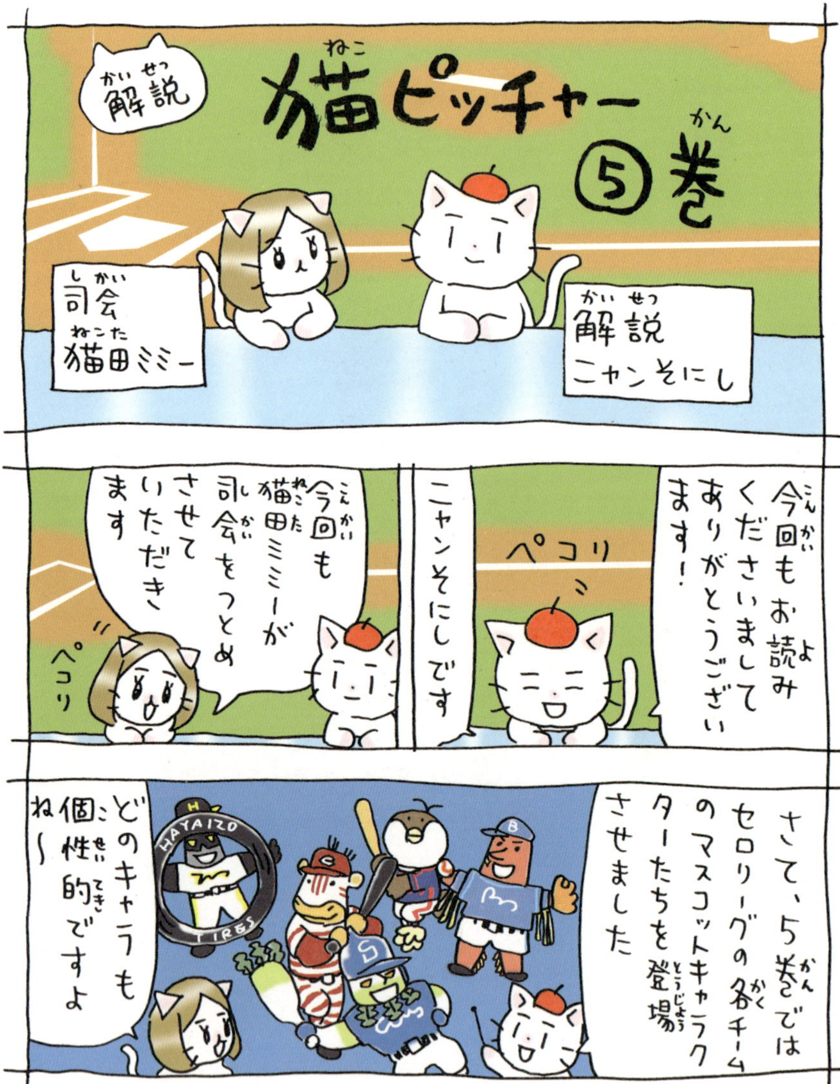
解説
猫ピッチャー
⑤巻
司会
猫田ミミー
解説
ニャンそにし
今回もお読みくださいましてありがとうございます！
ペコリ
ニャンそにしです
今回も猫田ミミーが司会をつとめさせていただきます
ペコリ
さて、5巻ではセロリーグの各チームのマスコットキャラクターたちを登場させました
どのキャラも個性的ですよね～
HAYAIZO
TIRES

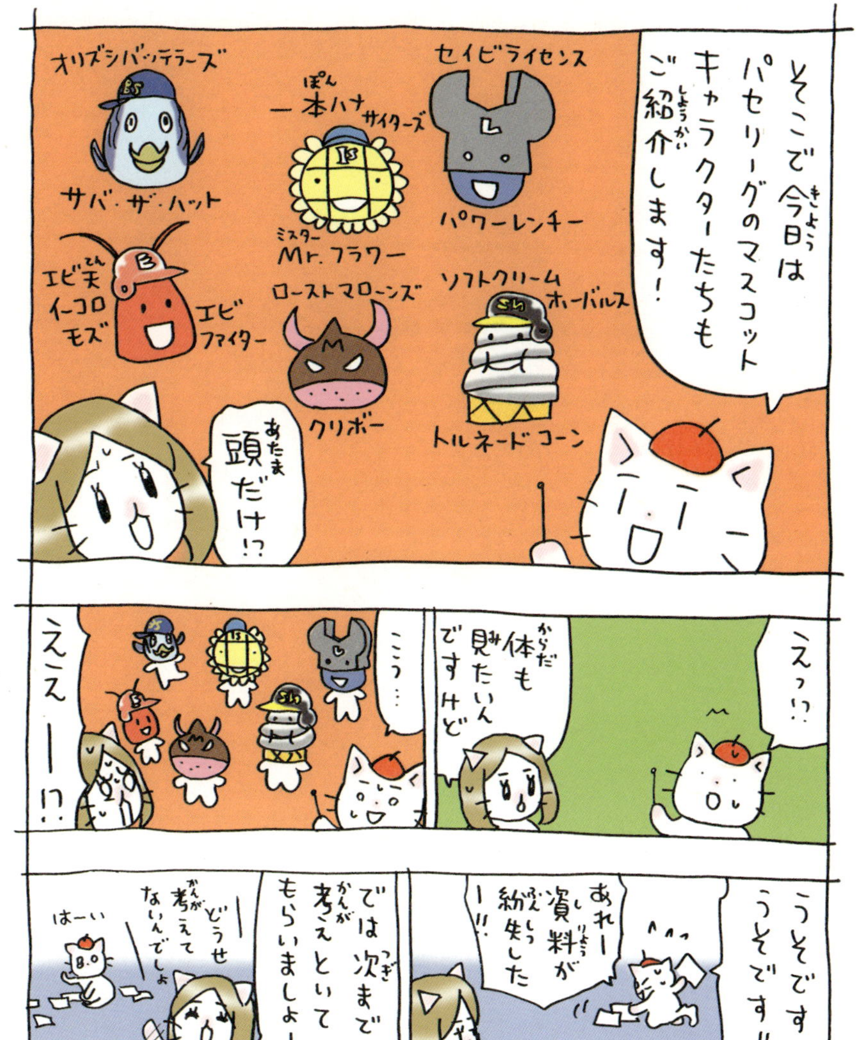
そこで今日はパセリーグのマスコットキャラクターたちもご紹介します！
セイビライセンス
パワーレンチー
一本ハナサイターズ
Mr.フラワー
オリズシバッテラーズ
サバ・ザ・ハット
ソフトクリームホーバルス
トルネードコーン
ローストマローンズ
クリボー
エビ天イーコロモズ
エビファイター
頭だけ!?
えっ!?
体も見たいんですけど
こう…
ええーー!?
うそです うそです!!
あれー 資料が紛失したー!!
では次までに考えといてもらいましょー
どうせ考えてないんでしょ
はーい

『猫ピッチャー5』は、読売新聞日曜版に2015年11月22日から2016年7月17日まで
連載した本編と、読売プレミアム(デジタルサービス)で配信された「裏ばなし」を収録しました。

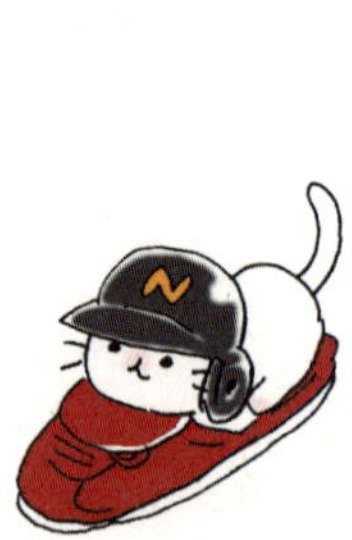

そにしけんじ

1969年札幌生まれ。筑波大学芸術専門学群視覚伝達デザインコース卒業。大日本印刷株式会社勤務を経て、漫画家となる。

主な作品に、『猫ラーメン』(マッグガーデン)、『ザリガニ課長』(講談社)、『動物のカメちゃん』(小学館)などがある。現在、読売新聞日曜版掲載の「猫ピッチャー」のほか、『?ハテナまほう学校』(小学館)、『とろ〜りカビうさ』(主婦と生活社)、『猫だからね』(幻冬舎)、『ねこねこ日本史』(実業之日本社)、『ねこ戦 三国志にゃんこ』(KADOKAWA)など連載多数。

装幀・DTP　H.D.O.

猫(ねこ)ピッチャー 5

2016年9月10日　初版発行

著　者　そにしけんじ

発行者　大橋善光

発行所　中央公論新社

〒100-8152　東京都千代田区大手町1-7-1

電話　(販売) 03-5299-1730　(編集) 03-5299-1880

URL　http://www.chuko.co.jp/

印　刷　三晃印刷

製　本　小泉製本

Published by CHUOKORON-SHINSHA, INC.

Printed in Japan ISBN978-4-12-004884-5 C0979

定価はカバーに表示してあります。

落丁本・乱丁本はお手数ですが小社販売部宛お送り下さい。

送料小社負担にてお取り替えいたします。